シニアのための「反」読書論

鷲田小彌太
Washida Koyata

文芸社文庫

まえがき

1 「後悔先に立たず。」(It is no use crying over spilt milk. 覆水盆に返らず。)という。だが、人生は長い。「日々に新たなり。」(Our lives are renewed each day.)ともいう。

60歳は、文字通り「還暦」、人生の折り返し点になった。何度でも挑戦、再挑戦することが可能になったのだ。ただし、若い時にやらなかったこと、できなかったことに、再び挑戦することは、思っているほど簡単ではない。どんなに気力を奮い立たせても、なによりも「体力」が許さない。しかし「脳力」がある。存分に残っている。とりわけ「読書」があるではないか。

読書の最大の効用はなにか。〈いつでも・どこでも・だれでも〉読むこと、読み返すことができる、ということだ。とりわけ試みてほしいのは、若い時に読んだ本、読んでおきたかった本を、取り出し、あるいは買い求め、心おきなく読み返すことだ。これこそ、折り返し点をすぎた、シニアにとっての最大の「特権」ではないだろうか。なによりもいいのは、若い時に読んだ本、読みたかったが読む機会を逸した本を通じて、「青春」を取り戻すことが、瞬時に可能になることだ。よく「回春」

(rejuvenation)、あるいは「アンチジェネレーション」というが、読書こそ人生の取り戻し、若さの秘訣、カムバックの原動力、最大挑戦にちがいない。

しかしたんなる「回春」ではない。読書は新しい人生の獲得でもある。なによりも若い時に読んだ本は、時をへて再読すると、まったくちがった香りと味がする。読後感が正反対のときさえまれではない。そんなとき、自分が違った人間になっていることを、否も応もなく、思い知らされる。

だれであれ、そのひとの人生にはさまざまな「変化」がある。思い半ばも達しなかった「後悔」もふくまれるが、なにがしかをなし遂げた、一人前の大人になったのだという「達成感」もふくまれる。

2　読書案内をかねた、学生向け、もう少し広くいえばジュニアたちのための読書論、その中心を占める人生論という、かなり欲張った本を書いたことがある。わたしの読書体験をベースにしてだ。就職前の学生、あるいは、まだ正業（やりたいこと）を探している若い人の読書論、人生論の中核にあるのは「教養」論である。長いあいだ教師をしてきて、多くの学生とつきあってきた体験が、わたしにはあるという「自信」めいたものもあった。それで、こんなふうに書いた。

〈「教養」とは「大人」になるために必要な知的栄養のことだ。なにか難しそうだがそんなことはない。自分の力で生きるために、よりよく人生を歩むために、人間ならだれもが持つ必要がある知的力のことである。でもなぜに読書なのか。人は知力の過半を読書を通じてえるからだ。「通じてえる」というだけでは十分ではない。「読書を通じてのみえることができる」と強く断言してみたくなるほどに、読書は、一人前の人間になるためにも、一人前の人間になってからも、重要なのである。

ただし本書は広く学生一般を読者対象に設定しているわけではない。本を読もうという意欲のある人、知的能力を高め自分にふさわしい仕事を見つけ出したい人、本を通してもっと広い世界に入ってゆきたいと思っている人に、すばらしい本を手にとって、読んで欲しいのである。すばらしい人間になるためにだ。

といっても「山があるから登る。本があるから読む。」というように、本を読みたくて読みたくて仕方がない、本を読まないと知的羞恥を感じる、という人は、黙っていても放っておいても本を読む。生きる栄養源の重要な要素にしてゆく。そういう学生にも本書は大いに役立つように作ってある。

わたしが頭に常に浮かべてきた本書最大の読者は、本を何冊か読んだ、もっと読みたいが、まだ手になじんでいない人たち、学生生活を満喫するだけでなく、知的充実感をもっと味わいたいと願っている人たちである。

そしていいたい。せっかく目指す一流大学に入りながら、大学の授業に出て単位をとるだけの学生生活に終始してゆく学生たちに対してだ。「もったいない」ことをしてどうするのだ。本書が繰り返し述べるように、読書とは最大の自学自習、知的自己トレーニングなのだ。これを通ってはじめて「知的人間」になることができるし、どんな分野に進むにしろ知エネルギーを存分に発揮することができるのだ。自立した大人になるということだ。

読書は人生の「伴侶」だといわれる。なにか中途半端な表現だ。米やパンがエネルギー源の中心なら、本は知的エネルギー源の中心である。けっして映像や音聴で代替することは出来ないということに気づいてほしい。〉

これは間違った「呼びかけ」ではなかった、と思っている。しかしである。

3　この呼びかけは、すでによく読書を経験してきたベテラン、あるいはシニアになって新しく読書をはじめたいという人たちにとって、より有効な提唱に思えてきたのだ。なによりも、わたしが自分の読書体験を振り返り、そのなかで再び読み返してみた本が、とても新鮮だった。わたしの生活の新しい糧になった。

まったく視点を変え、青春の読書をシニア用に再編成することで、本書は出来上がった。新しい発見も少なくなかった。「追憶」とは過去を振り返ることではない。過去をスプリング・ボードにして、新しい人生を切り拓く不可分の契機《チャンス》でもあるのだ。どうぞ、折り返し点に立ったあなた方、すでに折り返し点から人生の過半をすぎたのではと思えるあなた方、青春の読書を起点に、新しい人生のエネルギーをくみとることができますように。本書がその一助となりますように。

目次

Ⅱ部 勉強のなかの読書 137

I部　青春時代を生きる読書案内

1.0　青春時代の読書

1　「青春」とは何か？

人は、特に、一見して、すでに「青春時代」をすぎたと思える人々が、「青春まっただ中」、「青春を取り戻そう」と口にする。「若いわね」といわれると、うれしくなる。女性は特にそうだ。その傾向は、ますます強くなっている、と感じられる。

じゃあ、「青春とは何か？」これがじつは簡単明瞭ではないのだ。

「青春」とは、素っ気なく、一言でいえば、「若い」が「未熟」である。エネルギーが押し上げてくるが、それを明確かつ有効に使う道を見いだしていない。つまり「やりたいことはあるが、まだ何ものでもない」という中途半端な状態なのである。だから、この時代は、本当のところ、辛いのだ。能力がある人ほど辛い。堪えがたい。したがって、絶えずいらいらする。これはわたしの実感からもぴったり来る。この実感がなくなると、青春は終わる。こうみなしていい。

やりたいことがある。かなりのていどやる努力も懸命にしている。しかしまださしたることも、あるいは何か重要なこと（サムシング）もなしとげていない。したがって社会的評価をえていない。ポジションもペイもえていない。自立していない。これが青春の実相である。まさに学生時代にパシッとはまる。就職しておよそ10年間は「青春」時代だろう。

何をいうか。青春は肉体も心も若い。美しい。勇気に満ち、へだてのない友だちがいる。そして輝く未来がある。こう反論するだろう。間違っていない。しかし若いエネルギーに満ちあふれ、輝く未来が待っている、と思えると反面、まだ何ものでもない、未来はまったく未定である、今あるエネルギーはいつ突然雲散霧消するかもしれない、という不在感、不安につきまとわれ悩む時期でもあるのだ。

したがって「青春謳歌」とは、底の浅い、いまにもかき消えてしまいそうな「喜び」であり、「不安」であるから、貴重でもある、と感じることができる。瞬時でもそこに執着したい、と思える。

もし「青春」時代、友人がなく、読書がなかったら、「自分は何ものでもない」という切ない宙ぶらりん《ブランコ》状態を乗り切れただろうか？　できなかった。これがわたしの偽りのない記憶の中にある「青春」である。青春に読書が不可欠な意味でもある。

2　すべてのことに「青春」がある

以上は、誰もが人生途上で通り過ぎなければならない「青春」のことだ。しかし、「若くて未熟」な状態は、人生上の一時期にかぎらないのではないだろうか。誰にも、いつでも・どこでも・なんについても、訪れるものなのだ。それも何度もである。

たとえば「新婚」期だ。すべてが新しく輝いている。独身時代、仕事から帰宅すると、夏は窒息しそうに暑い、冬は寒さで凍えそうな、暗い部屋が待っていた。料理は面倒で後片づけもたいへんだから、2日に1日は即席ラーメンプラスアルファですました。1人でTVを見ながらだから、なおのこと味気ない。ところが結婚した。狭いとはいえ、部屋数は2つになった。帰宅すると明るく、空調もばっちりだ。贅沢な食事ではないが、ご飯に味噌汁がきちんと付いている。なによりも2人で食べるから楽しい。喜びがある。

しかし「新婚」である。2人はまったく違った人生環境のなかで育ってきた。それが同じ部屋に住んで、同じ食事をする。最初はまったくの手探りだ。「俺の嫌いなものは、おまえも嫌え」式の一方が自分勝手を主張したら、この関係は壊れかねない。新婚夫婦における次の瞬間の言動は未定であり、総じて未熟である。

「最初はすべて難しい。」これがどんな青春も抱え込まざるをえない困難である。最初は誰もが、どんなことをする場合でも、未熟である。青春をよろこんでばかりはいられない事情だ。したがって「青春」の喪失を悔やむ必要はない。なるほど若さの消失はある。でも未熟さ、バカさの消失でもあるだろう。だから可能なかぎり「青春」を早く終えるほうが、人生にとってはよろしいということになる。

《誰しも、文学を志す青年は去就に迷ふ時代がある。その第一は自分の天分に疑ひを抱くやうになること、その第二は、仮に天分には自信が持てゝも、文壇に進出する手蔓を求めるのが困難であること、その第三は、……。今日と雖もこれらの危惧は多くの文学青年の念頭をさらないであらう。私の十八九歳から二十四五歳に至る六七年間は、實にこの暗澹たる危惧の時代であつた。》（谷崎潤一郎「青春物語」）

この「暗澹たる危惧の時代」こそ、作家にとっての「青春」である。天才谷崎にしてこうなのだ。その谷崎は24歳の時「刺青」を出す。翌25歳の時、永井荷風の推挽をえて、この作で文壇にデビューすることになった。青春期を抜け出したのだ。これは天才谷崎のケースだ。幸運であった。

総じて私の見るところ、青春を終えるのは、就職してからではなく、就職してから10年後、「何ごとかをなしとげた」（あるいはなしとげることができなかった）35歳前後ではないだろうか？

3 「初心忘るるべからず」

「初心忘るるべからず」は世阿弥の言葉である。いろんな場面で使われる。

何ごとであれそれに最初に取り組んだときの新鮮な決意を忘れてはならない、という意味に使われる。これはこれで重要だ。

同時に、もうひとつの重要な意味が含まれているのだ。

いちおうのことができるようになった。まわりからも評価されるようになった。それで日々の精進に緩みが出はじめる。そういう自惚れ屋さんに向かって、はじめたころの未熟で恥ずかしい目にあったときのことを忘れるな、という叱咤が飛ぶ。「初心忘れるべからず。」

自分は何ものか（重要人物）になった、というときが青春の終わったときだといった。同時に、自分はこんなつまらないもの（小物）にしかなれなかった、という青春の終わりかたもある。後者のケースがはるかに多いかもしれない。それで、こんな小物になる以前の、まだ大きな可能性を残していた時代のことが懐かしく、羨ましく、まぶしく思い出される。

だが、重要人物になったものも、小物にしかなれなかったものも、「初心」時代の未熟を咎められて、恥ずかしい目にあったときのことを思い起こすべきなのだ、というわけだ。

これはいずれに対しても、再トレーニング、再チャレンジを促す言葉になる。つまりは「青春」はいつでもどこでも何についてでもあるし、それが終わったときからが、人生の本格的な「事柄」がはじまるということだ。

世阿弥はさらに「初心」についていう。何歳になっても、むしろ熟練の極に達した場合にこそ、新人の気持ちでことに臨め、挑めという。

天才谷崎の作家生活は、「刺青」を書いて青春時代を終えてから、その本格仕事が、その仕事をし上げるための努力がはじまった。『痴人の愛』、『細雪』、『瘋癲老人日記』と画期ごとに傑作をものすることがなかったら、作家谷崎は「何ものか」ではありえたが、「他に得難い何ものか」（傑作　something great）ではありえなかっただろう。

1．1　青い時代にしか読めない本

1　熱に浮かされる

《十三歳の夏、わたしは父が子どもたちのために買いそろえてくれた中央公論社版「世界の文学」の一冊を手にし、夢中になって読みとおした。池田健太郎訳の『罪と罰』だった。第一部の終わり、主人公の青年が金貸し老女を殺す場面に、なにかしら性的といってよい猛烈な興奮を覚え、その青年に完全にシンクロした。赤い表紙が、血の色に見えたほどだった。仮説とは、つまり、このときの経験が無意識を深くえぐり、現実の殺人の経験としてすり替わったのではないか。ポリタンクの血は、『罪と罰』で殺された老女の血であり、わたしの記憶は、小説が書かれた一八六六年に通じる無意識の回廊を持っているのではないか、と。》（亀山郁夫『ドストエフスキーとの59の旅』（日本経済新聞出版社　２０１０）

この引用文の著者は、ドストエフスキーの新訳『罪と罰』『カラマーゾフの兄弟』（光文社古典新訳文庫）で注目されたロシア文学研究者である。

文中の「仮説」とは、亀山が赤紫のポリタンクに口をつけると、腐ったいやな臭いの液体だった。それが「何十年も前に殺した人間の血であることを思い出した」という夢の中の記憶がなにに由来するのか、を解くための仮説である。

亀山のように、『罪と罰』を読むと、熱に浮かされたようになる。とくに何度も何度も夢の中に出てきて、まさしく熱に浮かされる。それが『罪と罰』の威力だ。青春の読書の最大特徴だろう。

わたし鷲田は正真正銘の田舎に育った。実家は商家で、実用一点張り。読書用の本は1冊もなかった。ところが12歳の時、『罪と罰』を読んでしまったのだ。どんな理由で読んだのかはまったく記憶の中にない。ただ中村白葉訳であったことは憶えている。それから半年以上、毎日のように夢の中に、顔のない主人公にシンクロした「自分」が出てきた。結末は、何度も何度も、暗い底なしの闇に落ちて行く、どんどん落ちて行く、というところで目が覚めた。まさに悪夢の連続である。「原罪」ということを幼いなりに考えた最初ではなかったろうか。

大学に入って、亀山と同じ池田健太郎訳で『罪と罰』を読んだ。同時に江川卓訳のトルストイ『復活』を読んだ。（大切にしてきたはずの本なのに、2冊とも書庫にない。）『復活』の感動の反作用もあって、10代のはじめにはじめて本格的な小説を読んだ時の驚愕というか、恐怖は味わわなくてすんだ。たしかに、12歳時の恐怖の記憶が呼び覚まされたが、「?」がはいった。この主人公は性格破綻者ではないだろうか、進んで著者が性格破綻者ではないのか、読者がまともにとりあってもいいかんともしがたいのではあるまいか、という疑問符である。

それでも、日本文学界に圧倒的影響を与える、この偉大な世界文学を代表する作家に対して、わたしごとき青二才が性格破綻者の烙印を押すのは、不遜の極みである、と思えた。まずはお前の文学識を疑ってかかるべし。こういう声も鳴り響いたのだ。それで、米川正夫訳『カラマーゾフの兄弟』（平凡社世界名作全集）を読んだ。まるまる4日ほど夢中になって読んだ。だが疑問符は消えなかった。

2　青春との訣別　『罪と罰』との訣別

何年かたって『地下室の手記』（『床下から出た回想記』あるいは『ねずみ穴から出た回想記』）、『白痴』、『悪霊』とドストエフスキーの代表作をぽつりぽつり読んでいって、わたしの疑問はやがて強い「確信」に変わった。

作者が性格破綻者で、作品の主人公が性格破綻者であるような小説は、青春時代には夢中になれる、あるいは悪夢にうなされるような形で読むことができる。しかしまともな「大人」が読んで、感動し、共感し、影響を受けるような作品だろうか。そうではない。こう、わたしは結論した。そして運よくというか、いわば半必然のような形で、次のような記述にであったのである。少し長い引用になる。

《私が初めて『罪と罰』を読んだのは……十二歳の頃だったろうか。これはすばらしく力強い、血湧き肉躍る本だというのが、私の読後感だった。再読したのは十九歳の年、ロシアでは恐ろしい内戦が戦われていた時代で、これは長たらしい、ひどく感傷的な悪文だ、と私は思った。その後、二十八歳の時に自分の本でドストエフスキーを論じた際、また読んだ。アメリカの大学でこの作家について講義をする必要に迫られたときも、また読んだ。そしてごく最近のことである、この作品のどんな点が間違っているのかをようやく悟ったのは。

この作品の欠陥——私の考えでは、倫理的にも美学的にも建物全体の倒壊の原因となりかねない裂け目は、第四部第四章に発見される。それは殺人者ラスコーリニコフが少女ソーニャを通じて新約聖書を発見するという、贖罪の始まりの場面である。ソーニャは彼に、イエスのこと、ラザロの復活のことを読んで聞かせる。そこまではよろしい。だがそのあとに、全世界に知られた文学作品では他に例を見ないほど愚劣きわまる一つのセンテンスが現れる。「消えかけた蠟燭の炎はゆらめき、この貧しい部屋で永遠の書を読んでいる殺人者と淫売婦をぼんやり照らし出していた」。「殺人者と淫売婦」それに「永遠の書」——なんという三題噺だ。これはドストエフスキー的修辞の典型的な癖がよく現れている、決定的な文章である。では、この文章のどこがそんなにひどく間違っているのか。どうしてこれがそれほど粗雑で非芸術的なのか。

私は主張したいのだが、真の芸術家あるいは真のモラリストは——良いキリスト教徒あるいは良い哲学者は——詩人あるいは社会学者は、いかに雄弁の弾みであろうと、殺人者と（人もあろうに！）貧しい街娼とを一緒くたに並べてはならないのだ。一緒に聖書を読んでいる二人の頭の中味は全く異なるのである。キリスト教の神を信じる人たちが理解しているところによれば、キリスト教の神はすでに千九百年前から売春婦を赦している。一方、殺人者は何よりもまず医者の診察を受けなければならない。両者は全く異なるレベルの存在である。ラスコーリニコフの非人間的で馬鹿げた犯罪と、肉体を売ることによって人間の尊厳を損なっている少女の苦境と、この両者には、ほんのかすかな共通点すら見出すことができない。殺人者と淫売婦が永遠の書を読んでいる——なんというナンセンスだ。汚らわしい人殺しと、この不運な少女とのあいだを繋ぐ修辞は存在しない。あるものはただゴシック小説や感傷的小説の因襲的な修辞ばかりである。それは安っぽい文学的トリックであって、偉大な文学の情念や敬虔な心ではない。更に、芸術的バランスの欠如という点にも注意していただきたい。私たちはラスコーリニコフの犯罪のあらゆる不潔な細部まで見せられ、彼の行為に関するさまざまな説明を半ダースも与えられる。ところが、ソーニャの商売の現場はただの一度も見せられない。彼女の状況は美化された決り文句にすぎない。淫売婦の罪は言うまでもないこととされている。だが本当の芸術家とは、何事について「言うまでもないこと」とは決して考えない人のことなのだ、と申し上げておこう。》（ナボコフ

『ロシア文学講義』〔1981〕　小笠原豊樹訳　TBSブリタニカ　1982）

　サマセット・モーム（『世界の十大小説』）の手引きや、丸谷才一の示唆によって、ドストエフスキーという作家とその作品の欠陥に気がついた。青春の一時期にだけ熱中し、そこで終わる（べき）作品であることを自己了解できた。だがナボコフほどに的確に表現することはできなかった。さようならドストエフスキー、さようなら「青春」であった。ここでナボコフ（1899～1977）とはロシア出身の作家（『ロリータ』）であり評論家（『ヨーロッパ文学講義』）である。

ではわたしはドストエフスキーの作品を読むことを禁じたいのか。そんなことはない。

　ドストエフスキーの『罪と罰』にであって圧倒されるのは、「青春」のせいである。同時に、その欠陥をきちんと了解できて初めて、青春の第一段階からおさらばできる、と考える。この「過熱」を避けるのではなく、ぜひ通り抜けることをおすすめするゆえんだ。

3　大切な忘れ物を気づかせる　『黄色い本』

『黄色い本　ジャック・チボーという名の友人』高野文子著　講談社　800円
（新刊読みどころ）2002・7・11

《これまでは知る人ぞ知るマンガ家だった。またそれでよかった。なにしろ寡作である。はじめての単行本『絶対安全剃刀』を出したのが1982年。以来、20年間で本書『黄色い本』がようやく6冊目である。5冊目の『棒がいっぽん』は1995年の刊行だった。本書が出るまで、それから7年を要した。

新しい単行本を出すたびに話題をまいた。作品ごとに絵柄をふくめて作風をかなり変える。あるときは大友克洋とも見まがうタッチだったし、あるときは浮世絵ふうの作風で江戸マンガを描いた。とくに画面構成の術が秀抜で、たとえばヒッチコックの映画作法をみごとにマンガに応用したと思わせる作品もあった。

しかし寡作なのである。とくにマンガを愛好するというのではない読者にとっては、どうしても、知る人ぞ知る存在にとどまった。ところが本書『黄色い本』のようなマンガを出してしまったら、もうそれではすまない。日常的にマンガを読まず、高野文子を知らない人も、この『黄色い本』を読んだら、きっとおどろく。これまで想像していたマンガ表現の可能性が、一気に面白いほど広がっておどろく。

設定は昭和40年のはじめあたり、本好きな田舎の女子高生をめぐる話である。その女の子が、学校図書館からマルタン・デュ・ガールの小説『チボー家の人々』全5巻を借りて読みふける。マンガは彼女が家庭や学校で送る生活の細部をたどりつつ、本に夢中になることの至福をそっと掬《すく》い上げてみせた。感動的なのは、その本を読みふける主人公をはじめ、だれもがあたりまえの顔をし、あたりまえの言葉でしゃべり、あたりまえの暮らしをしていることだ。しかも映画を応用した画面構成の技はさえわたり、つい一コマ一コマをじっくり眺めずにはいられない。

いよいよ高野文子の時代が来たのだ。そのことを確信する。（狐）》

評者の匿名氏「狐」は、81年2月から03年7月まで、22年半、1181回、夕刊紙「日刊ゲンダイ」に連載した書評家である。その正体はのちに山村修（1950〜2006）であるとみずから明かした。

ここで評された高野の『黄色い本』がまさに今日ではほとんど名を聞くことさえ少なくなった青春の書『チボー家の人々』全5巻の「誘い水」になっている。まずぜひ『黄色い本』を一読してほしい。女子高生が主人公だが、もちろん大学生で読んでもまったく「遅い」ということはない。

4　妻となった人の本

私の書庫にある黄色い表紙の『チボー家の人々』は、もともとは婚約者でのちに結婚した妻の本であった。箱入りなのに、4巻は丸善の、1巻は三越の包装紙にていねいにくるまれている。だから表紙の「黄色」がすこしも褪せていない。第1巻（56年）を購入したのが68年8月の50刷である。ロングセラーであった。わたしたちが婚約したときで、妻は20歳になったばかりである。第5巻（56年）は69年2月に購入（39刷）している。まさに妻の青春の書であった。

14歳の時、主人公のジャックが友人のダニエルと友情を分かち合うために二人だけのあいだで秘密にかわされた「灰色のノート」からはじまり、1918年11月、「ドイツ全権が、わが戦線を通過した。これで終わりだ。なんとしても、これまで生きていられたことがうれしい。」と記した、37歳の死を直前にしたジャックの手記で終わる20年余の物語である。

訳者の山内義雄は（1894〜1973）「訳者あとがき」（第1巻末）で記す。

《『チボー家の人々』において……、カトリックたるチボー家と、プロテスタントたるフォンタナン両家を取りあげ、そのおのおのの相関関係ないし対立関係の中に、そのおのおのの若き生命の発展の様子を子細に検証することに筆を起こし、戦争勃発とともにそれらの生命が等しく混迷擾乱のるつぼの中にたたきこまれ、軍部・政治家輩の野心と無知と、さらには社会革命家たちの怯懦《きょうだ》と逡巡との結果、戦争と、それにともなう悲劇がますます拡大する様相をあますところなく描き出し、ついには作者自身の一分身とも思われるフィリップ博士をして、「ぼくの思うところでは、今度の戦争の後においても、諸国家は、戦争によってあたえられた絶対権力を二度とふたたび手放すことはないだろう。ぼくのおそれているのは、民主的自由の時代が、これからさき長いあいだ、しめだしをくわされるだろうということなのだ……ぼくらは、これで人類もいよいよおとなの域に達し、これからは、知恵、節度、寛容の支配する時代に進んでいくものと信じていた。知識と理性とが、いよいよ人類社会の進歩を導くような時代になるものと信じていた。そういうぼくらが、後世の史家の目に、人間について、また文明に対する人間の能力について、甘い夢をきずいていたおめでたい人間、何も知らなかった人間としか映らないと誰に言えるだろう？」と嘆かせたマルタン・デュ・ガールとして、この作品の筆をおくと同時に早くも第二次世界大戦の勃発を知ったときの感慨は、はたしてどれほどだったでしょう。》

１９６１年９月に書かれた訳者の文章である。読みにくい。この引用が一文でできあがっているということもある。作品の舞台となった欧州戦争（第一次世界大戦）はおろか大東亜戦争（第二次世界大戦）からも隔たっているという理由も加わる。さらに、60年日米安全保障条約「改悪反対闘争」が終焉し空中分解して、「政治の時代から経済の時代」へと日本国家と日本人が大きく舵をきりはじめた時代に、訳者が書いたということも重なる。

しかし訳者山内義雄の「解説」が読みにくいのは、原作が青春の書に特有な、エゴイズムとヒューマニズム、戦争と平和、逡巡と猜疑、独断と飛躍、傲慢と偏見等がないまぜになった時代と人間たちを描いていることからくるのだろう。重要なのは「訳文」のほうだ。表現はいささか古くさいが、読みにくくはない。

私がこの本を読んだとき、そこにまったく毛色も精神構造も違う人間、主人公のジャックを見いだした。主人公にシンクロできなかっただけでなく、わたし自身は、もうとっくの昔に青春（の第1段階）と訣別していた（と思っていた）。感動もやってこなかった。しかし、この本が購入された1968年、その秋に妻の父、私の中学時代の教師でもあった義父（となるべき人）が急死した。49歳であった。この5冊の本は、20歳の「妻」が青春と訣別するときに読んだということになるのではあるまいか。そのことをいつか聞いてみたいと思ったが、青春の書については語らない、語ることが出来ない、聞いてはいけないという思いが、それをとどめた。

5 日本の青春小説

痛快青春小説といえば夏目漱石の『坊ちゃん』であった。多くの人が読んだ。教科書にも出てきた。もちろんわたしも読んだ。わたし自身は漱石では『こころ』を青春の心象風景を見事に切り取った小説とみなしている。その漱石の弟子で、青春の無惨な敗北を歌ったのが、久米正雄の短編「受験生の手記」（『学生時代』収録）である。大学受験に失敗し、恋人を弟に奪われ、失意のはてに自殺する田舎出の旧制高校生が主人公である。わたし自身が受験に失敗した浪人時代に読んだ本だ。しかしいくら青春の書とはいえ、被害妄想狂の主人公をとてものこと好きにはなれなかった。

　１９６０年代に大学生活を送った学生たちの青春小説の代表作は、大江健三郎の『われらの時代』（１９５９年）であり、柴田翔『されどわれらが日々』（１９６４年）である。

　大江はその作品の最後で、こう書く。

《彼は駅の構内に入るやいなや雑踏にまきこまれた。混雑した膨大な人間の群れが彼をもみくちゃに押しまくり窒息させた。彼は脇腹に硬いものをつきつけられ痛みに呻きながら、しかも体をめぐらすこともできずに群衆に押しまくられて運ばれた。《おれたちは自殺が唯一の行為だと知っている、そしておれたちを自殺からとどめるものは何ひとつない。しかしおれたちは自殺のために跳びこむ勇気をふるいおこすことができない。そこでおれたちは生きてゆく、愛したり憎んだり性交したり政治運動をしたり、同性愛にふけったり殺したり、名誉をえたりする。そしてふと覚醒しては、自殺の機会が目の前にあり決断すれば充分なのだと気づく。しかしたいていは自殺する勇気を奮い起こせない、そこで偏在する自殺の機会に見張られながらおれたちは生きてゆくのだ。これがおれたちの時代だ》

「おれにとって唯一の《行動》が自殺だ！」だが自殺する勇気がないから、性交し、政治活動なりをして、仕方なく、生きてゆく。漱石の『こころ』にも、久米の「手記」

にも、自殺の「原因」がある。だが大江の『われらの時代』の主人公には自殺の原因がない。サルトルの自由なる行動は唯一自殺である、という「思想」はある。しかし、それは実行にけっして至らないただの自殺思想でしかない。

こういう自己抹殺衝動の観念は、ただし青春時代の特徴であるということは否めない。

柴田翔の『されど……』の主人公も、プラットホームから、故意にか偶然にか、落ちて、死んだのか、死なないのかわからない終わり方をしている。わたしも、けっして熱心だとはいえなかったが、これら青春小説を、青春時代のまっただ中で、読んだ。それぞれ面白かった。しかし『されど……』以降、いわゆる青春小説なるものをみずから読もうとする機会は訪れなかった。

１９８７年に出されてから今日まで、青春小説の代表作といえば村上春樹の『ノルウェイの森』（１９８７年）だろう。出た年の夏に読んだ。濃い「赤」と「緑」の２冊本、まさに青春真っ黒（？）の体裁である。これもテーマが「自殺」である。あるいは「死」につかまれた若者たちの物語である。ただし漱石から柴田までの青春小説を彩ったエリートに特有な特別者意識の香りが、村上の小説からまったく消えてしまっていた。大江の大きな連続爆音もない。静かである。この主人公たちも若くて未熟だが、その未熟さは年齢に関係なく人間すべてに備わる性質のように思えた。もちろんわたしにもある。大人も読むにたえうる青春小説だというのが最初の読後感であった。

《わたしの考えをいえば、この小説にいう恋愛とは、僕《ワタナベ》と緑の恋愛にほかならない。それは直子の比重が緑よりも軽いということではなく、直子との関係がこの小説における恋愛の軸にはない、ということだ。この小説には内閉と恋愛と二つの軸がある。そこで直子とぼくの関係は、恋愛というより、彼が後にする内閉世界の軸の線上にある。その内閉からの回復の鍵となる恋愛は、もう一方の僕と緑のあいだで展開するのである。》（『村上春樹　イエローページ』加藤典洋編　荒地出版社　１９９６）

この無類の恋愛小説の構造を加藤は簡潔に示す。知っておいて損はない。

1．2　青春特有の読書

語ってみよう。

青春の読書という。しかし肩肘張らずに、学生たちがよく読んできた書物について語ってみよう。

1　せっかちな読者　赤川次郎『三毛猫ホームズの推理』

19世紀末に現れた、コナン・ドイル作のシャーロック・ホームズシリーズが大好評を博し、全世界に読者層をもった。理由がある。主人公の独創的な探偵とその凡庸な助手とのコンビが絶妙かつ魅力的であったこと。大衆雑誌に連載されたリーダブルな読み物でありながら、推理を主体とする高級読書階級の知的満足にもたえうるような文章と内容であったこと等に加え、その大部分が「読み切り短編」であったことも理由にあげることができる。つまりは肩を凝らさずに、だれもが短時間で読めて、知的興奮を味わえることができる作品であることだ。

ホームズを日本の江戸に舞台を移して成功したのが、岡本綺堂の『半七捕物帖』を嚆矢とする短編読み切りの捕物帖である。それを現代に舞台を移して大成功を収めたのが、赤川次郎の『三毛猫ホームズの推理』（1978年）であり、ほとんどがベストセラーになった。赤川の作品は長編と銘打たれるものが多いが、わりとすらすら時間を取らずに読むことができる。

赤川はこれまで500以上の作品を書き、世界ベストセラー作家に名を連ね、日本人では断トツ1位の売り上げ部数（推定3億超）を誇っている。（ちなみに2位は西村京太郎、3位が司馬遼太郎である。）その作品の多くは長編だが、読み切り短編のように読みやすく、とくに学生をはじめとする青少年に多くの読者をえてきた。

学生読者の一つの傾向は、せっかちなことである。時間がありあまるほどあるのに、（正確にいうと、時間がありあまるほどあるから、いま・これを読む切迫した理由と必要がないから、）「厚い」本をゆっくり時間をかけて読む気が起こらない。そんな学生でも、赤川次郎の本を読んできたのである。

赤川次郎は1948年生まれで、もう若くない。現在の読者はもっと短く、もっとライトな（軽い）小説を好むといわれる。だが、赤川の作品は読みやすい（リーダブルだ）が、その内容がライトなわけではない。その初期の短編集を収録した『幽霊列車』に含まれている「善人村」を一読すると了解されるだろう。

村中が善意と善行であふれかえっている。なぜか？　村人全員が自分たちの巨悪を隠蔽するためになのだ。その善意に包まれた村人たちによって、真相究明をはかる「探偵」は殺されそうになるが、危機一髪で助かる、という具合の内容である。

これを普遍化していえば、田舎人は純朴で悪行に走らない、という「神話」破壊にたどり着く。赤川はなかなかに皮肉屋なのだ。その内容や暗示は、せっかちな読者が簡単に手を伸ばして、読みとばせるほどライトではない。この赤川をもう少しヘビーにしたのが「我らが隣人の犯罪」（1987年）でデビューした宮部みゆきである。赤川は直木賞を取らなかったが、宮部は『理由』で受賞した。この差が「文壇」評価の分かれ目を知る目安になる。

現在の赤川の読者層は、赤川の年齢が上がったことにともなって、かなり上がっている。しかし、ライト小説がはやる昨今こそ、ライトミステリーとは趣を異にする赤川作品を、学生にぜひとも奨めたいのである。

2　しゃれた大人の味を　TVで映画を見る時代だから和田誠の『お楽しみはこれからだ』

背伸びがしたくてたまらなかった田舎からポット出てきた学生時代、こんな本を読むことが出来たなら、もう少し機知《ウイット》にあふれ、会話もましになっていただろうと思える本がある。和田誠『お楽しみはこれからだ』（文藝春秋　1975）だ。

《「ゆうべはどこにいたの？」

「そんなにむかしのことは憶えてないね」

「今夜会ってくれる?」
「そんな先のことはわからない」

これはハンフリー・ボガードが女につれなくしているセリフ。映画は「カサブランカ」。この会話のごとく「カサブランカ」のボガードはニヒルの権化のようにふるまっている。彼はカサブランカで酒場兼賭博場を経営していて、そこにフランス人の警察署長、クロード・レインズが夜な夜なあらわれるのだが、署長はボガードを「きみは本当はセンチメンタリストだ」と見抜いているのである。

この映画ほどの名作になると、内容を説明したりするのは野暮な話である。しかし観ていない人にはいろいろ不都合なことが起こるのだ。たとえばTVでトム・ジョーンズが「アズ・タイム・ゴーズ・バイ」という歌をピアノ伴奏で唄い、そこへゲストのサミイ・デイヴィス・ジュニアがあらわれ、ボガードの声色でピアニストに「その曲は弾くなと言っただろ」と言う。言うまでもなく「カサブランカ」の主題歌にまつわるシーンのパロディである。言うまでもなく、と書いたが、これを観ている人に関してだけのことになってしまう。早い話がそのTVのスーパーは「馬鹿の一つ憶えもいい加減にしろ」となっていて、気のきいた意訳のつもりだろうが、これでは何のことかわからない。

「おかしなおかしな大追跡」でもこの歌が出るシーンに「カサブランカ」のセリフが使われる。バーブラ・ストライサンドがやはりボガード口調で「世界中に酒場は山ほどあるのに何故俺のところにやって来た」というのだが、そのスーパーは女言葉になっていた。これも訳者がパロディと気がつかなかったのだろう。
「ボギー！　俺も男だ」は、全編これ「カサブランカ」で、原題の「もう一回弾いてくれ、サム」も「カサブランカ」のボガードのセリフ（正確には少し違う）である。この映画こそ「カサブランカ」のような名作は繰り返し繰り返し上映されていて、中のセリフは日本における歌舞伎の名文句のように、一般におなじみになっているのであろう。》
　本文1000字のエッセイ、下4分の1に映画に関する詳しい注がつき、そしてこれに作者和田の本業である軽妙洒脱な挿絵がどんと場所を占める、1編が見開き2ページの知的世界が繰り広げられる。
　世の名作駄作をこき混ぜて、かつてはビデオで、いまはDVDで、ハードディスク上に落として、TVで観ることができるようになった。映画は映画館で観るだけでなく、一人で、読書のように何度も繰り返し観ることができるようになったのである。和田の『お楽しみはこれからだ』は、お茶の間で、書斎で、映画を本を読むように観ることができるようになった時代を先駆けた本である。嬉しいことにパート7まであり、存分に旧作を活字と挿絵で楽しむことができる。

ところで、1989年バブルの絶頂期、ソニーがアメリカのコロンビア映画を48億ドルで買収した。アメリカ人の反感を買っただけではない。斜陽産業の代表であるおんぼろ赤字映画会社を背負い込んだ、とんだ時代遅れの無駄な買い物だ、と嘲笑された。そのとき「ソニーはいい買い物をした。映画作品はネット社会の貴重なコンテンツ商品になる。」と喝破した経済評論家がいた。どんぴしゃりであった。

和田誠の本、まさにネット社会でこそ面白く有用な本になったといっていいだろう。知的センスにあふれたい学生に奨めたい。

3　大長編に挑戦しよう

学生時代、本を持っていないことが、本を読んでいないことが恥ずかしかった。2年浪人し、志望学部を変えて、ようやく文学部に滑り込むことができたからでもあった。

文学部である。哲・史・文と3学科に分かれている。「文学」を専攻したのに、わたしの書棚には受験参考書を除けば、めぼしい本はほとんどなかった。本は基本的に貸本屋で借りて読んだ。わたしが通った貸本屋にはマンガが大部分を占めていたが、読み物も隅に小さくなって置かれていた。

本がない。友人が来たら恥ずかしい。それであわてて近くの古本屋へ行って、両手に抱えることができるだけの本を買い込んできて、棚の参考書を片付け、本を並べ終わって、少しほっとした。

その学生時代、見栄も半分手伝って、大長編に挑戦した。トルストイの『戦争と平和』（岩波文庫　全8冊）であり、プルースト『失われた時を求めて』（新潮文庫　全13冊）である。2書とも何度か挑戦したが、最後まで漕ぎつけることができなかった。長すぎたからだったろうか。そうではあるまい。

同じ時期にショーロホフの『静かなドン』を読んだ。『戦争と平和』と長さという点では変わらない。こちらのほうはすいすい読むことが出来た。その勢いをかって長尺の映画の方も見てしまった。これも面白かった。（主人公が愛する女を馬上からビシーと鞭で打った音を、いまも憶えている。）トルストイのものはきらいではなかった。『復活』は文字通り眠ることが出来ないまま2日間ぶっ通しで読んだ。それなのに『戦争と平和』は読む力を殺いでしまうのだ。これは相性というしかないだろう。こちらはヘップバーンの映画で我慢した。

長編を読む効用は、体力というか知的体力＝脳力が確実につくことである。どんな本でもやってこい。ちぎっては投げ、ちぎっては投げ、でやってやろうじゃないか。こういう気分になれる。小説ばかりではない。長編でなくても、シリーズでもいい。

奨めたい第1は、「日本の歴史」シリーズを読むことだ。

60年代に中央公論社で、1巻単独著者の「日本の歴史」（全31巻〈中公文庫〉）シリーズがでた。今日これを読めば、なんだ、概説書じゃないか、という感は否めない。だが、当時は、目を瞠るような新しさ、面白さだった。日本史の助教授の黒田俊雄が『蒙古襲来』を書いている。大いに見直した。

奨めたい第2は、自分の専攻分野に関する長編（厚い本）を読むことだ。たとえばマルクスの『資本論』は経済学部の学生なら、一度は挑戦してほしい。第1部だけでいい。理解できなくていい。重要なのは通読することだ。内容いかんを問わず、長編をそれも理論書を読んだ、読み切ったという「実績」は馬鹿にならない。というか、学的情熱の基調となりうるものである。これは老熟期でも変わらない、と思う。

ただし長編を、のろのろ、だらだらと読んでいては、腹の足しにはならない。一気呵成に読むにしくはない。『資本論』第1部なら、1週間以上かけてはいけない。「息せき切って」が青春のスタイルである。ぐずぐず、のろのろ、安全第一は、お似合いではない。読書においても、同じである。

4　オリジナルに挑戦しよう　村上春樹がノーベル賞を取る理由

学部（専門部）に進んだ。最初のゼミで主任教授が一冊の本を指定した。来週からゼミで使う、読む（解読する）本である。スピノザの『エチカ』、原文はラテン語、フランス語対訳の2巻本だった。フランス語はまったくだめ、ラテン語は初等文法を習っただけ。まるで歯が立たない。岩波文庫の訳本をそばに置いて、ラテン語を全部辞書で引くつもりで当たっても、まったく闇雲であった。じゃあ、このゼミはまったく不毛で無駄だったのか。そんなことはない。のちに、ドイツ語訳本が手に入り、英語版を横に置き、『エチカ』をたどたどしくとも読み進めていくことが出来た。デモクラシー論の嚆矢となった『神学・政治論』を（ラテン語でも）読み、何とかかんとかスピノザ論をものにすることが出来た。

こんな調子で、大学でカントの『純粋理性批判』『実践理性批判』、ヘーゲルの『精神現象論』『法の哲学』、ヒュームの『人間本性論』等々を読まされ、多少は独力で読むことが出来るようになったのである。

外国語は現地にいったら日常会話はできるようになる。しかしその国の文化的遺産とでもいうべき作品を読んで理解するのは、現地でひととおり学んだからといって身につくわけではない。自分で書物の世界に分け入って、理解する努力をすること抜きには可能ではない。読書が必要不可欠なのだ。

なるほど、日本は翻訳大国である。たいていの本なら日本語訳で読むことができる。それはそれでいい。わたしがどれほど心臓が強いからといって、『罪と罰』をロシア語で読もうという気にはならない。

しかし『エチカ』である。この書題は日本語に訳すと『倫理』である。じゃあ、『エチカ』は倫理学の書物なのだろうか。ちなみに日本の代表的な哲学者といわれる西田幾多郎の『善の研究』を思い起こしてほしい。「善」＝「道徳」研究ではない、正確には、道徳研究＝倫理学につきるわけではなく、哲学全般をあつかった書である。『エチカ』も同じである。この程度のことさえ、「倫理」(ethics) とか「道徳」(morals) の広義と狭義の意味をきちんとわきまえていないと、理解しにくいのだ。

またこんなことも知っておいてもいいだろう。経済学の父といわれる『国富論』を書いたアダム・スミスは、大学では「道徳哲学」教授であった。かつて経済学は道徳哲学の一部であったということだ。自然哲学（自然科学）に対して道徳哲学（社会科学）といわれたのである。

もうひとつだけつけ加えておこう。村上春樹の著作が外国語に翻訳され、読まれ、遅くない時期にノーベル文学賞を取るといわれている。日本でノーベル文学賞を受賞した川端康成と大江健三郎は、一見すれば、正反対の作家のように思える。間違っていない。しかしそれは日本国内から見てのことで、外国から見ると二人とも日本独特の作家に見えるだろう。

対して村上春樹の作品は外国人が読んでも違和感なく読むことができる（そうだ）。

それは村上が日本人特有の思考や行動で固まっていないことからくるといっていい。簡単にいえば、村上の言動が、外国と外国語、外国人と地続きだということだ。「外国語」と「外国人」は同じ言葉で、アメリカ人（American）とはアメリカ語（American）を話し書く人のことである。

かつて村上は、『風の歌を聴け』で新人賞に応募するとき、参考のため初めて日本現代文学作品を雑誌で読んだが、自分の作品のほうが水準が上だとわかった、というようないささか「不遜」な言葉を吐いたことがある。これは正直な実感で、アメリカのマイナー作家といわれてきたひとたちの作品を原文で読んできた村上だからいえたことだろう。村上が影響を受け、紹介したマイナー作家たち、スコット・フィッツジェラルド、トルーマン・カポーティ、リチャード・ブローティガン、カート・ヴォネガット、レイモンド・チャンドラーらは、今日、たんなる周辺作家と遇されてはいない。これらの作家は、すべて若者向きと言うより、万人向きの作品を書いている。村上春樹も、一見して、青春小説に思えるが、万人に通じる小説なのだ。

5　青春の読書の白眉　伊藤整『若き詩人の肖像』

《国道はその村の外れで、岬をくり抜いたトンネルに入った。トンネルをくり抜けると、小舟の入るぐらいの幅のある川口に小さな部落があった。橋を渡るとき、裸の子供が二三人、水の静かな川のなかで遊んでいた。右手に海が見え、ほとんど波がなく、沖の方には船の航跡か潮流か分からない白い筋が霞んだように浮き、水平線のあたりで汽船が煙を吐いていた。わたしたちは、国道を外れ、幅が一町ほどある広い砂浜を、歩きやすい波打ち際を選んで歩いた。砂浜の左側は、一段高くなって、灌木地帯が続いて居り、所々に若いトド松の植林地があったり、大分離れた国道沿いの方には、ハネツルべの棒や孤立した農家の屋根が飛びとびに見えた。一里以上続くかと思われる砂浜の前方には、根見子の家のある余市町の端れの、二階建ての小学校の校舎のかなり大きな屋根が見え、白い煙が所々に羽根のようにあがっていた。》（伊藤整『若き詩人の肖像』新潮社　1956）

伊藤整（1905〜69）は、この自伝小説の「序文」というべきエッセイ「青春について」（1954年）を書いている。青春論の白眉だといっていい。そしてこの自伝小説が、青春文学の白眉であるのだ。

わたしはこの小説を友人から借りて初めて読んだ。（その文庫本はまだわたしの手元にあり、彼女の名が印で押されている。）20歳の時だ。

最初に驚いたのは、ここで引用した文章に出会ったときだ。19歳の作者が17歳の根見子と初めて性交を交わす場所であった。25年経たこのまったく同じ風景の中に、10歳の姉と7歳の弟（わたし）がいたのである。ただしわたしたちは波打ち際の外側で泳いでいた。空はあくまでも青く、波の音しか聞こえなかった。

伊藤整は「青春について」のなかで、書く。

《私は、健康な肉体の力、美貌、広い心、勇気、才能、女性の友などという、青春の最も輝かしい伴侶とみなされるものをまったく欠いていた。それらのものを所有しない、と言う意識は、日常痛烈にわたしを苦しめ、自分を劣れるものと感じさせ、自分が生きていないこと、多分従って人生らしい人生を生きることが出来ないだろうことを予感させて、わたしをおびやかした。……

しかし、だからと言って、私が青春を知らなかったことにはならない。むしろ私は、それを所有しなかっただけ、それだけ、強烈に青春を知っていたような気がする。私は、青春というものを、青春らしい生活形式や交友や恋愛やスポーツそのものとしては所有しなかった。しかしそれ等を所有しないことで、正確に言えば、所有しないと思ったとき、青春は私にあった。私は、長い間かかって、青春らしい生活の形は、大したものではないこと、さらに大胆に言えば、そんなものはツマラヌモノであることを理解した。……

私は、もう一度言うが、青春らしいものを所有しないことによって青春の存在を痛切に知ったのであった。》

しかしこの伊藤の切り返し口上を、至言であると受けとってそれで終わりにすることができるだろうか。このエッセイを高く評価しながらも、谷沢永一は、重ねていう。《もちろん諄《くど》く念を押す迄もなく、「青春の最も輝かしい伴侶とみなされるもの」は、すべて全く確実に「ツマラヌモノ」なのであって、それらの「所有」を誇る連中はツマランチンである。しかし同時にそれをツマラヌと排撃し弾劾して、対極に掲げられる思想や、文芸や学問の独り善がり、様々な観念の空中楼閣も同じくツマラヌものであり、それを嬉しそうに振り翳しているのはもっとツマランチン、只のお坊ちゃんお嬢ちゃん連より遙に手のこんだ下劣な奴等である。》（谷沢永一『十五人の傑作』潮出版社　1997）

青春自伝文学『若き詩人の肖像』は、まさに谷沢が評した、「青春について」の「レトリック」（芸）の欠陥を免れている。同時に確認すべきは、伊藤はようやく50歳になって「青春」について過不足なく書くことが出来るようになったという点だ。それから伊藤整の快進撃が始まる。ベストセラー作家にして比類なき伊藤文学の時代がやってくる。エッセイ集『女性に関する十二章』と小説『氾濫』をはじめとする作品だ。

1．3　青春時代は無駄と無理が似合う

1　熱が冷めてもいいじゃないか

熱しやすく冷めやすい（to be easily excited but quick to calm down）、これが青春の特徴の一つである。欠点でもあり、長所にもなる。読書に関しても同じだ。好みがどんどん変わってゆく。正確にいえば、好みがまだ決まっていないのだ。無意識に「熱気」のほうへ気持ちが向かってしまう。この熱気を放つのがベストセラーである。

若者のベストセラーは通常の書店のラインナップとは異なっている。早稲田大学の生協書籍部で一日60部売れた。累計1000部を超した早稲田のベストセラーが、東大では200部も売れなかったということが起こる。場（書店）が起こす熱気が異なるのだ（ろう）。

「売れる本がいい本だ」と断じて後に引かなかった編集者がいた。「売れる本」には「熱」がある。その熱が風に煽られてどんどん伝播してゆくというのだ。評判のラーメン屋だ、2時間待ちでもいいから、一度は食ってみたい。こう思わさせるのが「熱」である。

ところがこの「熱」の99パーセントは、早かれ遅かれ、消えて行く。100万部売

れようが、200万部読まれようが、跡形もなくである。読者のほうでは、なんであんな熱病にかかったのか、まったく理由が分からないというのがほとんどだ。

だから「流行」になど目を向け、耳を傾けるなどは、泡のように消えるものに踊らされる軽薄の輩のすることで、私の俺の関心外だ、と考えるのも理由のないことではない。大いに理由があるといっていいだろう。

しかし芭蕉がとなえた「不易流行」こそ、好み＝風雅（refined taste）のまことではないだろうか。「雅」（エレガント）と「俗」（ポピュラー）は根本において一体であるということだ。俗＝流行になじむことのない雅＝不易は生命力を失ったものである。ただしたんなる俗＝流行で消えて行くものがほとんどである。だから俗につかないか、俗の熱を遮断するのか。不易の古典を読むべきだというのか。それはできない相談だ。

「古典」だから読む、読まなければならないというのは、方向が逆である。泡のように消え去る流行の熱を浴びて、初めて「不易」なものの存在に気がつくのではあるまいか。「不易」なものが聖壇に最初から鎮座ましましている、などというのはどう考えてもおかしい、と思った方がいい。そんなのは権威主義である。「権威」にしたがって読書をすると、読書そのものがツマランチンになる。読書が熱を帯びなくなるからだ。

もとをただせば、伝統芸術といわれる歌舞伎は河原ものであったし、日本芸術院会員に推挙される小説家はつい最近まで河原乞食、せいぜいが三文文士といわれたのである。青春時代には、むしろ俗＝流行＝熱に染まるという受動スタイルより、俗を求める能動スタイルのほうがよろしい、といってみたい。「熱」を直接うかがうことができるのは、大型書店の、それも店頭の書棚あるいは書台にうず高く積まれている空間である。

２０１０年秋、ミラノに数日間滞在した。時間があったので数軒の書店を訪ねた。ウンベルト・エーコ（１９３２～）の新刊（小説）が出ていると聞いていたからだ。この世界的な言語哲学者は、『薔薇の名前』というベストセラーを出した小説家でもある。エーコの書棚にいっても新刊書が見あたらない。なんだと思って書店の外に出たら、天上まで届く高いウインドーにずらーと陳列されてあった。『プラハの墓地』（Il Cimitero di Praga）の横には、肥満したエーコのポスターが恥ずかしげもなく貼られている。ただし早朝だったから、この陳列が「熱」を呼び、「風」を起こしているのかどうか、実見することが出来なかった。

安い値段で新品同然の古本をネット通販で買うことが出来るようになった。これはこれでいい。しかし、「熱」を「風」を感じたかったら、書店に、それもいま売れている本の書台の前に行かなければならない。書店通いを奨める理由だ。

2　本は自前で買う

若者には総じて金がない。しかも買いたいものが山ほどある。本に使う金があるなら、その金でラーメン一杯で腹を満たし、たばこ1箱を満喫する方がずっとましだ。本なら図書館で借りることもできるじゃないか。これには一理ある。だが人間はもう少し上等にできているのだ。

毎日、起床時と就寝時に体重計に乗り、その数値を記入するだけで、ダイエットができる。これ、本当である。毎日毎日、体重計に載り、自分の体重を脳に刻み込む。脳がダイエットを強いるのだ。こういう観念的動物が人間なのだ。ただし効果が上がるのは、ダイエットだけではない。

わたしは受験時代からおよそ40年間、毎日、予定以上に仕事（勉強）をしたら◎、予定通りしたら○、予定を下回ったら△、まったく出来なかったら×、の印をつけてきた。また、書き下ろしの本や論文を書くときは、日にちの横に進み具合、3／19＝6（枚）　3／20＝13　3／21＝18、というように書き上げた枚数を記すようにしてきた。（ノルマは1日10枚以上である。）ただこれだけで、仕事の進み具合が違うのである。

それで本の話だ。図書館の本は自分の本ではない。自分の体（脳）の一部にはならない。自分の知的財ではない。本を買った、読んだ。その本は自分のものであるだけではない。知の一部になったのだ。（食料品が血の一部になるのと基本的には変わらない。）目前に自分が買って読んだ本があるだけで、自分の知財のありかを確認できる。その威力を試したくなる。泡と消えてしまわない。

エッ、読んだ本をきれいさっぱり忘れてしまったって。ならばすぐそこに本がある。再読、三読すればいい。図書館の本はもう手元にない。再読する気も起こらない。そんな本を読んだという記憶もなくなっている（にちがいない）。

本は買った。読んだ。置き場所に困る。その上、都会は居住面積が狭い。こういう人がいる。その通りだが、屁理屈である。若いじゃないか。自分が買って読んだ本の量などたかが知れている。多いって。じゃあ床に並べて寝台代わりにすればいいじゃないか。最低１０００冊は必要になるかもよ。

本を自前で買わねばならない最たる理由は、知的財である本がいつでも自分の知的武器になることができるからである。つまりは、必要なとき、すぐに参照することができる。だから、線を引いたり書き込みをすると古本屋が引き取ってくれないなどとケチなことをいわないで、のちのち参考になると思ったら、線を引き、付箋を伏すことを躊躇してはならない。

自前の本は、学生時代はもとより、仕事に就いてからも、仕事を辞めてからも、自分という人間の知的武器になるのだ。この武器を縦横に活用することが、高度知識社会を生き抜いて行くための重要な要素になる、と請け合っていい。

3　見栄の読書、大いに結構

学生時代、インド哲学を専攻していたK（のちH県立大学教授）が訪ねてくることがあった。何度か、きまってカントの第1批判（『純粋理性批判』）を参照したいから、ちょっとのあいだ貸してほしいというのだ。フェリックス・マイナー版で、濃いグリーンのカバーの掛かった分厚い本である。さすがはサンスクリット語を使い、難解をもってなる印哲徒である、と感嘆することしきりであった。ところは事実はこうであった。

K、デートのときテーブルの片隅にくだんの本をそっと置く。印哲である。しかも難解で知られるドイツ哲学のカントの本、それもドイツ人にさえ難解な第1批判なのだ。その上ばか厚い。「Kさん、なんて知的なんだろう」ということになる。また表紙の色が鮮やかだ。日本の色工技術では当時まだだすことが難しかった色彩である。「なんて美的センスがおありなんでしょう」ということになる。

デートの結果は聞き漏らしたが、Kは知的「見栄」、自分の知的教養を映えさせるために、かの本を携帯したのである。このとき私は、K君なかなかいいじゃないか、しかし借りずに自前の本だったらもっといいのに、と思えた。

本も読書も見栄の要素をもつこと、否めない。ちなみにポルノ雑誌を見栄も外聞もなく電車の中で大股開きで読んでいる人間とまともにつきあえる、つきあいたい、と思うだろうか。ポルノ雑誌を禁止せよ、そんな本を読むヤツは下劣の下で、人間以下だ、などといいたいのではない。人間には、ポルノを読みたいという欲望がある。問題は、その欲望の表現の仕方にある。

着物という。衣装という。どちらもクロス（clothes）だが「布」ではない。体（裸体）を覆う布だが、「装い」（ドレスでありメイク・アップ）である。「見栄」のない着物はない。精神も同じだ。知はそもそも見栄である。読書はさらにそうだ。知も読書も見栄にすぎないなどといいたいのではない。人間は知なしに生きられないし、読書なしに人間たりえない。その知と読書が「見栄」なしに存在しないというのだ。

知でも、読書でも大いに見栄を張るのがいい。これが私の主張だ。アイツが読んでいる本を自分は買っていない。読んでいない。悔しい。恥ずかしい。これが「正常な」知のあり方なのだ。

ミラノでエーコの新刊を捜し、ウインドーにバーンと飾ってあったその本を発見して、うん、オレってなかなかいいな、と思えた自分を半分恥ずかしく、半分誇りたかった、というのが私の見栄である。同時にあのバカ厚い本を、帰りの荷物を重くしたくないばっかりに買わなかった、わたしのケチさかげんを呪ったのである。ちなみにわたしはイタリア語を読めない。買ったとてただの見栄である。だがこの見栄がなくなったら、知的エネルギーが枯渇したと見ていいんじゃないだろうか。

4 「立派」な本を読むと「立派」な人間になるわけではない

読書は人間の人生にとって、とくに学生時代にとって、きわめて重要である。読書のない知的訓練は、知的エネルギーの小さな人間を作り上げると断言していい。だがである。

酒場（スナック）でのことだ。初めてあったかなり年配の方が、私は読書好きだ。おそらく北海道でいちばん多くの蔵書をもっている、というのだ。ま、ここまではいい。酔ってもいるのだ。ところが、本を読まないと立派な人間、上等な男にはなれない、とのたまう。場がいっきにしらけてきた。さらにいいつのる。「立派」な本、それも「古典」を読まないと、立派な人間にはなれないのだ、と断じる。

世に本好きがいる。読書ばかりしている人間がいる。それを誇りたがる人間がいる。しかし、間違ってはならないのは、本好き、読書好きが立派な本好き、古典の読書が立派な人間、であることの証明にはならないのだ。逆の場合だってある。それもけっして少なくない。

わたしの父母は、ハードカバーはおろか文庫本も、1冊も購入せずに一生を送ったということができる。じゃあ、父母は無知だったか、人生をまともに生きることが出来なかったのか。まったくそんなことはない、と思える。父母は、息子の口からいうのもなんだが、人口５０００人程度の村では、比較すると、インテリの部類に入った。2人とも、長男長女として生まれ、多くの兄弟姉妹のトップに立って、一族を束ね、そしてわたしたち五人姉弟妹を一人前に育て上げてくれた。両親を「立派」な人間だ、と大見得切って断定はできない。だが、大きな過誤のない、多少とも他人から羨まれるようなよき人生を送った、といっていいのではないだろうか。両親には、「読書」がもたらす負の一面をもつことがなかったといっていい。

そもそも「立派」な本とは何か。古典のことか。じゃあ、古典とは何か。評価の決まった古い本のことか。具体的にいえば、古くはプラトンの『ソクラテスの弁明』か、新しくは丸山真男の『現代政治の思想と構造』か。わたしなら、プラトンよりまずはプルタルコスの『モラリア』を推す。丸山真男より少し古い福沢諭吉の『学問のすゝめ』を奨めたい。

本を買い集めて自慢し、読書に耽ってひとり悦に入っているだけの人間はいるものだ。「薬」は「毒」にもなる。読書が毒書になるケースは考えられている以上に多い。「古典」好きが現実を呪うだけの人間である場合はさらに多い。

ま、青春時代である。よほどの例外を除いて、読書の量もその範囲も、書毒にやられるほどに達することはない。心配せず、心おきなく読書に励みなさい、といいたい。ただ、読書が毒書に通じる、そういう人がまわりに何人も（わたしもその一人であったという自戒を含めて）いた、ということだけは心の隅にとどめてほしい。そのうえで、やはりいわなければならない。

5　なにがなくても読書はある

学生時代、1年の途中で大学の近所に下宿した。食事はつかない。窓のない、昼間でも暗い2畳の部屋だったが、安いだけでなく居心地がよく、4年を終えるまで居つづけた。

大学に近い。校舎まで200メートルほどである。朝、教師連や学生たちが校舎に続く長い坂を登ってくるが、わたしは坂道の3分の2を過ぎるところが出発点である。山の上にあった校舎から至近距離の登校である。

登校は簡単だ。というので、欠席せずに登校しただろうか。逆だった。いつでも登校可能だったが（ためもあって）、学校までは遠かった。

雨の日は傘を持つのがおっくうだった。曇りの日は授業に出るという気分が乗らなかった。雨と曇りの日は、飯を食べに出る以外は、終日、暗い部屋で本を読んでいたような気がする。晴れた日は、暗い教室に閉じこめられるのが嫌で、下駄を履いて散歩に出た。半年たつまで、ほぼこんな日が続き、4年を終えるまで、1年の半分ほどは部屋に閉じこもっていたような気がする。

友人が出来た。文化サークルのクラブ（歴史学研究会）に入った。のちには自分たちでクラブ（哲学研究会）を作った。かなり活発に活動した。クラブは大所帯になった。合宿もしばしばした。

下宿には2階に文学部の上級生が3人いた。1階には同学年で基礎工学部の学生がいる。計5人の下宿人が仲がよかったのは、ひんぱんに出入りしなかったせいであったように思える。相互干渉を控えたからだ。

大学時代、まず読書があった。濃い人間関係を望まないわけではなかった。実際、サークル仲間、同じ下宿の人たちおよび下宿に出入りする人たちとの交流は、けっして薄いものではなかった。だがいつも気持ちの底にあったものは、読書があればこの中途半端な「なにものでもない」時代を乗り切ることができるのでは、という確信めいたものであった。これは貴重であった。不安定な心を静かにさせてくれるものでもあった。

友人がほしいと望むあなた。恋人を切なく求める君。炎天下の海辺で肌をこがしかつ冷やしたいと思う人たち。映画や音楽で身を震わせたいと思っている彼彼女。その他諸々に熱中したい、何か熱中するものがほしいと願っているすべての学生たちにいいたい。

きょろきょろせずに、まずは読書に浸りなさい。なにがなくとも読書があるさ、でゆきなさい。なにが見つからなくても、読書だけは残る。自分自身との対話である。

友人、恋人、ギャンブル、趣味、スポーツ、その他諸々に、学生時代に幸運にも浸ることが出来ても、そのほとんどは学生時代が終われば消えてゆく。消えてゆくからつまらないというのではない。消えていいのである。消えた方がむしろいい、ごく普通のことだ、といえる。

もちろん読書でも、読んだ本でも、その本の内容が消えるケースがほとんどだ。しかし読書は、本も内容も再獲得できるのである。手元にあって読み返しさえすればいいのだ。これを青春の再獲得といってもいい。読書のある青春だったからこそそのすばらしさである。何かしら輝かしく思える。

2　大人になるための読書

2.1　読書なしに「大人」(human being) にはなれない「孤独」と「自立」

読書なしに「大人」にはなれない。最も簡単にいえば、「学校」に入って先生から学ぶことによって、両親から「離陸」(take off) することが出来るようになる。学校の先生から離陸できるためには、学校（教科書）世界を超えて広がる「読書」を必要とする。ちなみに、読書だけを通じて、両親からも、学校からも離陸する人たちがいる。司馬遼太郎であり、開高健である。恩師の谷沢永一は、10代で自分の書斎をもち、そこに立て籠もって、旧制中学をへて、大学へ行き、一度も授業に出ずに卒業し、論文のみで教授連を驚嘆せしめ、学者の道に入っている。読書生活をへずに、独自の精神世界をもつことは至難だということだ。

1　現実（リアリティ）と書物（フィクション）の区別

では「大人」とはなにか。現実と虚構の区別をつけることのできる人のことだ。現実と書物の区別といい換えてもいい。書物を通過してのみ、現実と書物の区別をつけることができるという事実に、まず気づいてほしい。

　山田風太郎（１９２２～２００１）は旧制の東京医学専門校（現・東京医科大学）を卒業したが、医者にはならず、作家デビューを果たす。しかしミステリを書いて10年、鳴かず飛ばずであった山田が注目されたのは、時代小説『甲賀忍法帖』（58年）によってである。「忍者ブーム」を巻き起こすことになる記念碑的作品である。

　この作品は江戸の初期、舞台を甲賀と伊賀に借りているが、「伝奇」小説に分類される、奇想天外のウルトラ・フィクションである。伝奇小説とはロマンスのことで、小説の王道なのだが、リアリズム小説が主流となった近代社会では、差別され軽視され続けてきたといっていい。こんなふうに紹介したことがある。

《奇想天外、荒唐無稽な忍者の秘術合戦は、超ハイテク時代でこそ見映えがする
△時は、徳川が豊臣＝大坂方の最期的壊滅を図ろうとする前夜である。所は駿府城、大御所の家康と天海僧正が三代将軍選出方法について密談する。竹千代派と国松派の対立を食い止める策だ。忍法対決で将軍後継者を決するという奇想天外な方式である。激突するのは、四百年にわたって激しく抗争する甲賀と伊賀の忍家代表、各10人。エースは、ともに「瞳術《とうじゅつ》」を駆使する、甲賀弦之介と伊賀の朧《おぼろ》で、これが両派の後継者、かつロミオとジュリエットなのだ。

甲賀と伊賀は山一つを隔てて国を境する。各忍者は、何百年にわたって相伝されてきた秘術の持ち主だ。伊賀の薬師寺天膳は、完全に心臓の鼓動を止められても、ヒドラのように再生可能で、不死鳥だ。甲賀の如月《きさらぎ》左衛門は、死者の顔を写し取り、相手にすり替わる。性的興奮で毒素息を吐き、男を殺すのは甲賀の陽炎《かげろう》である。△瞳術とは、瞳力で相手の術を封じ、相手の術を反射させ相手を殺傷するという恐るべき術だ。ところが弦之介は闘い半ばで、目を「つぶされる」。朧もまた、愛する弦之介と闘うことを拒否するために、目を「つぶす」。

エースを失った両派の闘いは、天膳の独壇場となる。彼の前では、手練れの術者といえども、赤子同然である。いくたび死命を制せられても、復活してくる。天膳の野望は、弦之丞を死地に誘い、伊賀対甲賀の闘いに決着をつけ、幕府安堵の地位を得ることだ。また朧を孕ませ、伊賀の血の正統を残すことにある。この欲と色との二股道の結末やいかに、である。そして、意外な大円団がやってくる。》（『時代小説の読み方』日経ビジネス文庫　２００８）

現実離れをした作品を読む。誰も、この物語を「現実」と取り違えることはない。だがそれだけですむのか。山田とこの作品は、すまない、すますことはできない、と語っているのだ。

2　現実もフィクションの一種である　フィクションのもつリアリティ

続けて『甲賀忍法帖』を次のように紹介した。

《ご存じ二一巻にのぼるといわれる「風太郎忍法帖」の記念すべき第一作である。風太郎の忍法帖は、史実の一端を枕にした、奇想天外というか、荒唐無稽な伝奇物である。唾液の塊を吹きつけて弱らせ、唾糸にからみつけて殺す蜘蛛男。体色を周囲の色に自在に変化させるカメレオン男。全身の毛穴から血を吹く放血女。塩にとけるナメクジ男。手足がない体に一尺の穂先を飲み込む地虫男。裸身を吸盤にして相手の男の血を吸い取る吸血女。一行で表現すると、どれもこれも怪物でしかない。だが、紛れもない人間、長い間の修練と何代にもわたる相伝によって獲得された特殊技能者、もっとスマートにいえば、一芸に秀でたプロの技術者に違いないのである。

もちろんエロ、グロ、ナンセンスのオンパレードだ。だが忍者の秘術には合理的説明がつくのだ。その秘術合戦、天敵（たとえば塩とナメクジ）の死闘は、奇抜なのに、なるほどと思わせるのが作者の腕である。これを読むと、小型カメレオン男なら、社内にぞろぞろいることに気づくに違いない。》

『甲賀忍法帖』ののちに現れる忍法シリーズをはじめとする山田の時代小説の数々は、一見して奇想天外である。だが、伝奇として語られる虚構が、たとえばカメレオン男が、長年の修練によって、現実力の徹底した合理化、稠密化、濃縮化、高度化によって生まれたことがわかるのだ。それはたしかにフィクションには違いないが、いってみればテクノロジイ＝芸＝修練の勝利の結果なのだ。

つまりは「現実」とその抽象である「フィクション」が技術の深化によってつながっているのである。そして高度技術社会に生きているわれわれの現前にあるのは、生の生きた現実などというものはほとんどない。技術によって到達された巨大な現実（虚構＝人工＝芸術体《アート》）である。この虚構は、では現実ではないのか。カメレオンよりもはるかに巧妙かつ正確に表面の色彩を変えてゆくシステム（たとえば映像体）は、自然（天然自然）にはないが、厳然たる物体（人工自然）である。自然の模倣なのだ。しかも、カメレオンは進化をやめたが、このシステムは「進化」をやめない。かくして逆転が生じる。天然自然は人工自然の「部分」の位置に退く。

本を読み、それを深く味わい、理解すると、読書は「フィクションこそ現実の純化である」というところまでわたしたちを連れてくるのだ。「幻想」こそ人間の本領度である、ということに想いを致させる。

さらにつけ加えよう。池波正太郎は、人間を「悪」に焦点を当てて描いた。対して山田風太郎は、人間を「暗黒」のほうから描く。「死」といってもいい。小説にかぎらない。『戦中派不戦日記』（1971年）であり、著名人の臨終・縮図録とでもいうべき前代未聞の到達である『人間臨終図巻』（1986・87年）であり、エッセイやインタビューで自分の死にざまを描いたなまの1冊『コレデオシマイ』（1996）である。どれも文学の金字塔のなかにはいる。まさに大人の読書への道案内だ。いな、大人の読書の真髄だといっていい。

2.2　成熟した仕事人になるための読書

「大人」の最も簡明な定義は「仕事人」である。仕事の出来る人である。仕事で評価される人である。世の中、好みのタイプは、と聞かれると「優しい人」という答えがこだまのように返ってくる。まずいんじゃないだろうか。

1　人間関係の重要さ　人間は評価されたい存在だ

人間、なにが辛いって、周囲に、とりわけ両親に、兄弟姉妹に、学友に、仕事仲間に、妻に、ときに子どもたちに「評価」されないと、辛さが倍加する。ただし、両親や妻の評価と、仕事仲間あるいは仕事競争者の評価とは異なる。仕事仲間でも、上層部、上司、同僚、後輩によって内容が異なる。とりわけ辛いのは、同僚に評価されないことだ。嫌われてもいいが、職場で「同僚」に仕事で評価されないのがとくに辛い。もちろん嫌われないほうがいいに決まっている。しかし評価と嫌われは同在できる。あんなに仕事をしやがって、できやがって、差をつける。嫌なヤツだ、というぐあいにだ。せっかく仕事が出来るのに、嫌われ、排除され、孤立すると、仕事がしづらくなる。

学生時代は、気心の合う仲間とだけつき合っていても、さしたる支障がなかった。しかし「実」社会にはいるとそうはいかなくなる。人間関係を円滑にできなければ、よほどの実力の持ち主でないかぎり、いい仕事はできない。第1に、いい仕事がやってこない。

ここに、人間関係をスムーズに取り運ぶためのバイブルがある。なに、そんな本を読まなくても、誠意をもって人に当たれば道は開ける、というなかれ。人間は、まずは、読んで、理解して、工夫を重ね、トライアル・アンド・エラーを実践で繰り返して、初めて、人間通になることができるのである。いったん嫌われるとその人間関係をおさらばしないかぎり、スムーズな人間関係を再構築できないのだ。

そのバイブルとは、どんぴしゃり「いかにしたら友達を獲得し、人々に影響を与えることが出来るのか」という表題である。邦訳は『人を動かす』(創元社)で、著者はデール・カーネギーである。1936年に初版が出て、1981年に改訂版が出るまで、世界で1500万部売れたというから、現在は確実に2000万部を突破している。日本版は1958年に初版が出て、83年まで169刷である。超ロングセラーだ。

ところがこの本、残念ながら、若者、とくに一流大学の学生たちに読まれる機会に恵まれてこなかった。しかし、仕事仲間に評価されるためには、この本を繰り返し繰り返し読んで、かみしめるようにして胸にたたき込み、慎重に実行に移すことをまず奨めたい。

目次をアトランダムに抜いてみた。

1　人を動かす三原則
1．1　盗人にも五分の理を認める……
2　人に好かれる六原則
2．1　誠実な関心を寄せる……
3　人を説得する十二原則
3．1　議論を避ける……
3．5　「イエス」と答えられる問題を選ぶ……
4　人を変える九原則
4．1　まずほめる……
4．9　喜んで協力させる
付録　幸福な家庭を作る七原則
　6　礼儀をまもる

「3．1　議論を避ける」とはどういうことか。日本人は議論をしない、とくに最近の、若者、学生はそうだ。曖昧に事を処す、事なかれ主義の欠点だ。こういう意見が強い。

《若いころ、わたしは、世界中のあらゆるものについて兄と議論した。大学では論理学と弁論を研究し、討論に参加した。おそろしく理屈っぽくて、証拠を目の前に突きつけられるまでは、めったにかぶとは脱がなかった。やがて私は、ニューヨークで討論と弁論術を教えることになった。今から考えると冷や汗が出るが、その方面の書物を著わす計画を立てたこともある。その後、私は、あらゆる場合におこなわれる議論を傾聴し、みずからも加わって、その効果を見守ってきた。その結果、議論に勝つ最善の方法は、この世にただ一つしかないという結論に達した。その方法とは、議論を避けることだった。毒蛇や地震を避けるように議論を避けることだった。

議論は、ほとんど例外なく、双方に、自説をますます正しいと確信させて終わるものだ。

議論に勝つことは不可能だ。もし負ければ負けたのだし、たとえ勝ったとしても、やはり負けているのだ。なぜかといえば、仮に相手を徹底的にやっつけたとして、その結果はどうなる？　やっつけたほうは大いに気をよくするだろうが、やっつけられたほうは劣等感を持ち、自尊心を傷つけられ、憤慨するだろう。

「議論に負けても、その人の意見は変わらない」》

「私」カーネギーと、「わたし」鷲田は、まったく同じ経験をしてきた（のではないだろうか)。この本から学んで、自分自身でも、「論争に勝つ方法」を書いてきたのに、論争につい参加して勝とうとする自分を発見して、冷水を浴びることがよくある。

2　「一身立って……」

人間関係だけに長じても、要領のいい大人にはなりえても、本物の大人、仕事のよくできる人間にはなれない。国も、個人も「一人前の大人」になるにはなにが必要か、に焦点を当てて論じたのが、福沢諭吉『学問のすゝめ』である。

1872年初編が出て、17編全部が完了したのが1876年、合わさって一本となったのが1880年で、総計300万部売れたという。とんでもない数の読まれ方をしたわけだ。もちろん、福沢自身の生活も、慶應義塾の運営も、その他数多くの福沢の事業も、この本の売れ行き(儲け)が、それらの自立存続を可能にしたのだ、といっても誇張にはならないだろう。この本は今日でも読まれている。現代語訳も出ている。しかし、福沢がいわんとしたことがほんとうに読まれ、理解されているのだろうか。

『学問のすゝめ』は有名な言葉で始まる。

《天は人の上に人を造らず、人の下に人を造らず、と云へり。》

「人間は平等だ」の高らかな宣言である。だが、次に続くのは、要約すればつぎのようになる。

《しかし、広く世の中を見れば、賢愚、貧富、貴賎の別がある。なぜか？　愚貧賎の大本は、学ばないからだ。生まれながらにして貴賎貧富の別はない。ただ学問に勤めてものごとをよく知るものは、貴人となり富人となり、無学なるものは貧人となり下人となるのだ。もっとも、学問といっても、難字を知り、和歌を楽しむような世上に実のない文学ではない。第一に勤めるべきは、人間普通日常に近い「実学」で、まずは、読み書き算盤、進んで、地理、自然、歴史、経済、修身の学問である。これらの学問には、西洋の翻訳書に学ぶだけでなく、横文字をも学ぶ必要がある。さらにまた、文字を読むことだけが学問ではない。商売、経理、時勢を知るのも、みな学問なのだ。

△一身独立して一国独立する

およそ人と生まれたものは、富めるも貧しきも、強きも弱きも、人民も政府も、権利においては平等である。一人が一人に向かって、百万人が百万人に向かって、害を加えることに道理はない。同じように、世界に、文明開化して文武ともに盛んな富強国があり、野蛮未開な文武ともに不足した貧弱国があるが、貧富強弱が同じでないとはいえ、富強国が貧弱国を力で圧するのは、国の権利上、許されない。国は権利において平等である。

しかし、国民に独立の気力のない国は一国独立の権利を主張できない。

一、独立の気力のないものは、国を深く切実に思わない。
二、国内で独立の地位を獲得できないものは、外国と外国人に独立の権利を主張できない。
三、独立の気力のないものは、他に依頼し、国を売るような悪事をなす。いやしくも愛国心のあるものは、官私を問わず、まず自己の独立をはかり、余力があれば、他人の独立を助けるべきだ。
△人間関係で最大の害は怨望である
貪吝、奢侈、誹謗は不徳に違いない。しかし、銭を求め、安宅に住み、弁駁を好むのは人の性情＝天性である。この不徳は人間本性に根ざすので、根絶できないし、するのは間違いだ。驕傲と勇敢、粗野と率直、固陋と着実、浮薄と鋭敏は、対立するようで、時と場所、強弱、方向の違いによって、不徳となったり、徳となる。

ところが、怨望は、あたかも、詐欺、虚言はいうにおよばず、猜疑、嫉妬、恐怖、卑怯の類を生む衆悪の素である。この怨望の原因はただ一つ、「窮」なのだ。貧窮の窮ではない。人の言路を塞ぎ、人の作業を妨げる等、人類天然（人間本性）の働きをいきづまらせるものである。したがって、怨望を避ける道は、自由の横溢である。自由に言わせ、自由に働かせ、富貴も貧賤もただ本人のとるにまかせて、他からこれを妨げないことなのだ。》（鷲田小彌太『超要約で世界の哲学を読む』ＰＨＰ研究所　２

004）

独立自尊、私立活計が、個人であれ、会社であれ、国家であれ、最も重要な存立基本であることを、これほどに凝縮して述べることが出来た日本人が、150年前に日本にいたのである。『学問のすゝめ』は厚い本ではないが、表現は古い。そこがまたいい。読み飛ばせないのだ。英文和訳の要領で、一文、一節ずつていねいに読み進め、ときにメモを取りながら深く学ぶことを奨めたい。もちろん若い時も、否、老熟してからさえ、奨めたい。

3 「優しさだけでは……」

探偵小説《ミステリ》の分野にハードボイルドがあることを知っているだろう。わたしの若い友人、東直己は『探偵はバーにいる』（1995年）でデビューして以来、サッポロを中心舞台に、ハードボイルド一本槍で書いている。そのハードボイルドの探偵たちが「固ゆで卵」なのだ。その固ゆで（hard-boiled）のベスト1とでもいうのが、レイモンド・チャンドラー（1888~1959）が生み出した、探偵フィリップ・マーローである。そのマーローが吐いた台詞《セリフ》、

《タフでなければ生きて行けない。優しくなれなければ生きている資格がない。》（『プレイバック』）

は、世界名言集にも収録されるほどの名文句といわれる。これは生島治郎の訳である。

ところで原文は《If I wasn't hard, I wouldn't be alive. If I couldn't ever be gentle, I wouldn't deserve to be alive.》だから、生島訳のままでは、どこかしっくり来ないのである。しかもこのセリフ、独立した文章ではない。ヒロインから「あなたの様に強い（hard）人が、どうしてそんなに優しく（gentle）なれるの？」と問われ、答えたセリフだからだ。

最も単純化していえば、男のおれはハードをむねとしている。だが女（のおまえ）にはジェントルなのだ。こうなるだろう。

ところがこのセリフ、「男はハードだけではだめだ。優しくなければ男じゃない。」というように、男の本領は「優しさ」にこそあるというように解されがちなのだ。

もちろんマーローは外形や言葉の上では、ハードボイルド＝冷酷な態度を取っているものの、強いもの、強がっているものにはハードだが、弱いもの、弱っているものには十分に優しい。むしろ優しすぎることに探偵としての欠点があり、それが魅力でもあるのだ。

この台詞、独立文としてなら、大人の男は《ハードでなければ生きてゆけない。ジェントルでなければ生きていく気にもなれない。》（訳・矢作俊彦『複雑な彼女と単純な場所』新潮文庫）ということになるだろう。

　しかしもう一歩一般化してみよう。

《人間はジェントルだけでは生きてゆけない。ハードでなければ生きる資格がない。》ではどうだろう。きちんとした理由はある。

「優しさ」万能の時代である。ただし大本は、「わたし」を優しくしてほしいのである。両親は、学校は、会社は、社会は、国家は、全世界は、雨が降ろうが槍が降ろうが、朝から晩まで、この「弱い」わたしに優しくしてほしい、わたしに優しくすべきである、というのだ。「優しさ」の一人歩き、少しどぎつくいえば、「弱者独裁」である。

　ハードのないジェントルはたしかに愛育と保護の対象である。しかしそれは幼児のときにかぎることで、児童のころからスタートを切って、人間はじょじょにハードワークを積み重ねることによって、はじめて一人前の大人、自立自尊の人間になるのである。これ以外ではない。自立自尊（ハード）の人間になりえて初めて、他者にジェントルたりうるのである。この逆ではけっしてない。

　探偵小説を侮るものは、人生を侮る人間だといってみたいほどに、チャンドラーの小説は魅力的である。マーローを主人公にした長編ベスト3を上げてみよう。すべてハヤカワミステリ文庫で読むことができる。

『大いなる眠り』（1939年）『さらば愛しき女よ』（1940年）『長いお別れ』（1

954年　村上春樹訳『ロング・グッドバイ』）

なお日本にもチャンドラーがいる。原尞（1946〜）で、マーロー役は坂崎（名は不明）である。寡作だがどの作品も水準（世界基準）を超えている。すべて早川書房刊で、のち文庫化された。長編は4冊『そして夜は甦る』『私が殺した少女』『さらば長き眠り』『愚か者死すべし』、短編集が『天使たちの探偵』、エッセイ集が『ミステリオーソ』。ただし、若者よりも、熟年以降の人間の心奥にとどく作品である。

2.3 読書なしに「人間」を知ることが出来ない

1 人間通の極致

カーネギーは人間関係をスムーズに結ぶ実践法を、意をつくして述べた。だがマニュアルの類である。万人向きをめざしている。ふっくらしたところに多少欠ける。対して、一人の人物に仮託して、人間通の極致とでもいうべきものを活写したのが、司馬遼太郎の『新史太閤記』である。この本が語るのは、

社会の中で一番難しいことは、才能ある者が世の中に出て、人に認められるということで、この難事をやりおおせた男が豊臣秀吉だということである。

人間の世界は嫉妬の世界である。秀吉は、社会の最下層からトップになろうとするのだから、その過程でどれほどのバッシングに遭うかは、想像に難くない。しかも拗ねずに、雨霰《あめあられ》と降り注ぐ嫉妬のバッシングをかわしていった。その成功の秘訣は何か。司馬のいうところ、

1つは「可愛げがある」である。

織田信長は、身分とか地位に関係なくどんどん新規召し抱えをやり、能力主義を貫いた。そういう中で、抜群の能力があり、口だけじゃなく手も動く、才覚あふれる、

しかも、他人がいやがるどんな難事業でもすすんでやってしまう人間がいる。しかも、水呑百姓から這い上がって来て、トップまでたどり着いた、前代未聞の人間、それが秀吉である。

なぜそんなことが可能だったのか。司馬の見るところ、あげて「可愛げ」があったから、ということだ。憎めないのである。なぜか。秀吉は、どんなに蔑まれても、蔑む人間に非理しかないと心の中で思っても、蔑みが秀吉の成功を嫉妬するところに発しているのだとわかっても、ひょうきんな顔で押し通す。一見して、自己卑下である。猿といわれれば、猿だ猿だ、と飛び跳ねることまでする。

秀吉は、こんなまずい奴、野心も何もないような、ただ一所懸命だけの男、野卑でつまらんちん、と相手に思わせる。しかもひたむきに相手に体をすり寄せる。手柄自慢もしないし、使いべりがしない。だから相手は自分の競争者とはみなさない。しかも、ただの卑屈ではなく、万事に朗らかだ。これが、可愛げの内容である。可愛げがあるかないかは、嫉妬の渦巻く社会で才能を生かす、おそらく唯一の方法だろう。

2つは「誠実さ」である。

ただし可愛げだけでは十分ではない。誠実さがなければ、可愛げも、たんなる装い、戦術の一種と受け取られる。阿諛追従《あゆついしょう》の類いだ。

秀吉の財産は、権力、家柄、財力、男前、さらに堂々たる押し出し＝貫禄でもない。

人のやりたくないこと、やることのできないことを、楽々とやって、しかも、偉ぶらない。私ごときものにできたのは全く偶然である、という顔をしている。

しかし、秀吉が信長を含む他の武将の誰とも違ったのは、いったん約束を取り交わしたら、信義を結んだら、必死になってそれを守ろうとしたことである。もちろん、トップの信長には、信義などというのは紙切れだから、敵を降伏させるために、大将以外の生命は助けようと秀吉が約束しても、信長が「皆殺しにせよ」と命じれば、秀吉の約束は反故になる。それでも、秀吉は、約束履行に奔走するのだ。場合によっては、自分の命さえ信長の前に投げだそうとする。一命を賭して信義を貫こうとするのだ。その誠実さが、敵をも動かし、敵さえも秀吉を愛さずにはおられなくさせる。

3つは「利に敏い」である。

後には、聚楽第や大坂城で金で飽かすことのない生活を送った秀吉は、強欲な人間に映るだろう。だがそうなるまでの秀吉は、戦費を惜しまない。必要ならば、ばんばん借りまくり、部下や同盟者に恩賞を惜しまない。戦利品を私せず、全部、信長と麾《き》下《か》の大将たちに差し出す。

秀吉は無欲なのではない。また欲あることを隠したりはしない。相手の欲だけを満足させ、滅私奉公するのは「利」ではない。相手を儲けさせて自分も儲ける、これが敏なる利、ビジネスライク、商才で、拡大する利を保証する唯一の行き方である。

秀吉のすごさは、信長の命令に拳拳服膺《けんけんふくよう》して仕事に励んだ、ということにあるのではない。信長の次は自分である、と期するところがあったからだ。一心不乱で働いた結果、自分以外に次期政権を担えない、という確信がわいたというのが事実だろう。しかし心中深く天下を望むという「欲望」がなければ、一心不乱もなかっただろう。しかも秀吉は、この自分の最大で最後の「利」、最後の欲望を、決して明かさなかった。毛筋ほども、特に、信長に気取られないように振る舞う。

秀吉の、人間の心を読み、相手を気持ちよくさせ、最後に自分の目指すところを実現する人間関係術を、ほれぼれするようなタッチで描いたのが、司馬太閤記である。存分に学んでほしい。

秀吉の人間通とはまったく対極的なやりかたで自分の望みを実現したのが、『菜の花の沖』の高田屋嘉兵衛であり、『花神』の村田蔵六である。あわせて参照してほしい。

2　人間はどこまでクールになれるのか

秀吉は相手を気分良くさせる名人だ。対して、同じ人間通にサマセット・モームがいる。だがモームの作品には、相手（読者）の肝を冷やすたちの人間たちがつぎつぎに登場する。

モームの代表作『人間の絆』（岩波文庫　3冊）は「自伝的小説」である。モームの小説は大人の読む小説である。同時に教養小説にもなりえているのだ。しかもモームはモラリストもビックリするほどのクールな目をした人間観察者、批評家である。訳者の行方《なめかた》昭夫（岩波文庫　下）のあとがきに引用されている文をまず引いてみよう。《モームは世俗的だという批評はよく聞く。そうかもしれないが、『人間の絆』は名作だと思う。主人公の成長の過程を読者がともに一喜一憂し、その泥沼のような生活にしっかり声援を送り、最後に職を得て結婚を申し込むところでのハッピーエンドのクライマックスを率直に喜べる。だから世俗的なのだろうが、本当の俗の恋愛小説なんかとまるで違う。人生について学ぶ、深いものがいくつもある。

そうなっているのは、真実味、迫力があるからであり、そこに、人生を見る透徹した目があるからだろう。こういう小説は、読者が自分の人生とは違う人生を味わい、そこから、この世の理不尽さや不合理さとともに、人情のすばらしさ、美しさを学ぶものである。近ごろ嫌われる教養小説の伝統だろうが、教養小説にも意味はある。嫌みがなく感動できればさらによい。》（長谷川真理子「図書」２０００年3月号）

モームの小説には、学生たちが常日頃顔を合わせ、親しんでいる人とはまるで違う人たちが多数登場する。まずそういう人たちとつき合ってほしいものだ。そういう人たちと心を通わせてほしい。通わすことが出来ない場合でも、そういう人たちの存在を理解してほしい。

ところで書題となっている「絆」（Bondage）である。日本語の語感でいえば、人間たちを離れがたく結びつける「連帯」（きずな）である。しかしこの作品での意味はモームが述べ（訳者が指摘し）ているように、出典がある。《感情を統御し抑制する上の人間の無能力を、わたしは隷属と呼ぶ。なぜなら、感情に支配される人間は自己の権利のもとにはなくて運命の権利のもとにあり、自ら善きものを見ながらより悪しきものに従うようにしばしば強制されるほど運命の力に左右されるからである。》（スピノザ『エチカ』）

この「隷属」（servitus）が英語でバンデージなのだ。「絆」は「隷属」とともにある。これをまずは理解してほしい。

モームの小説では、ベストセラーになった『月と六ペンス』、短編の名手から紡ぎ出される『モーム短編集』（2冊）、「英国情報部員（エージェント）のファイル」という副題をもつ『アシェンデン』、それに回想的苦味《ビター》エッセイ集『サミング・アップ』、さらには老若に必読の『読書案内』『世界の十大小説』（2冊）を奨めたい。すべて行方訳の岩波文庫で読むことができる。

3　奇妙な人たちの世界を

大人と少年の「境」はどこにあるのか。自分の世界に住まない人々との交情が可能になることではあるまいか。

開高健『日本三文オペラ』を雑誌『文学界』で読んで、何か得体の知れない力に出会ったような気がした。17歳のときだ。地元札幌人にとっては、未知、未聞の世界と人間たちが蝟集《いしゅう》し闊歩する世界の「力《エネルギー》」である。それでわけもわからず大阪の虜になった。一九六〇年代までは、大学受験はいわば公認の「家出」である。北海道を「遠く離れる」のならどこでもよかった。しかし東京を素通りして、京都を避け、大阪を進学の地に決めさせたのは、この本の力であった。

それにあとで知ったことだが、少年時代の陰気な顔が、開高にそっくりだったことも、開高熱を高める原因になった。一冊の著書になったとき削除された文章が『開高健全集』（第2巻）で読むことができる。

《〔アパッチ部落の住人たちは日本全国から流れてきた、失業者、食いつめもの、前科者、不具者、日本人、朝鮮人、沖縄人たちであるが、彼らはひとしく役人たちの想像力が自分たちのさいごの生活拠点をくつがえそうとしていることにおびえ、かつ、感嘆すると同時に、おたがいに情報を交換しあった結果、〕これほど都市の機能をそこなう、ただ面積の浪費というだけで、しかもどうにもこうにも度し難い広大な愚劣さというものは、日本全国を探してみた結果、この大阪の杉山町と、あの東京の日比谷公園の濠の対岸だけの二箇所しかあるまいということに結論がおちついた。……》

（〔　〕内が削除された部分）

アパッチ族とは大阪の杉山町、大阪城公園のエリアに広がる旧陸軍工廠に転がる大砲や戦車、建物の鉄骨の残骸をかっぱらうことをことする泥棒集団である。わたしが大阪の地を初めて踏んだとき、濠に囲まれた立ち入り禁止の地に、まだ裸のままの鉄骨が残っていた。ヌーベルバーグの旗手として売り出し中の大島渚監督・炎加世子主演映画『太陽の墓場』（1960年）にも杉山鉱山が出てきていた。ただし、日比谷公園の対岸、皇居と大阪城公園エリアの杉山「鉱山」とは広さは別にして、まったく住む生きものが違っていた。清澄と猥雑の違いだ。

開高健が『輝ける闇』や『夏の闇』という日本文学史上に残る傑作をものすようになって、どんどん太りはじめるのにつれて、開高作品を耽溺するわたし自身の肉体も成長（?）しはじめた。開高のエッセイ、人物論、釣り、食べ物、その他の世界を食い散らかすようにして、ようやくどうにかこうにか「大人」になったのではないかという確証をもつことができたのではあるまいか。

最近開高の作品が文庫本でばんばん出るようになった。うれしいかぎりだが奇観のようにも思える。最新の文庫本で読めるエッセイを3冊をお薦めしたい。

インタビュー「形式」の人と書物論『人とこの世界』（ちくま文庫）、「腹のことを考えない人は頭のことも考えない」というキャッチコピーをもつ食物エッセイの極致

『最後の晩餐』（光文社文庫）、読者から寄せられた難問、奇問、珍問に答える人生相談スタイルの『風に訊け』（集英社文庫　2冊）である。抱腹絶倒のあとに痛烈な沈思黙考が襲うにちがいない。

4　お得意をもとう

イチローは、毎日カレーライスを食べる、と聞いた。いな、そのように語り、実際にカレーを食べているイチローの姿をTVで見たことがある。日本人は、とくに子どもたちは、ラーメンとカレーライスが好きだ。大リーグに行って、北西部の都会シアトルに住むイチローが、いつまでも日本人だなと思える、絶妙な情報に思えた。（どうもこの話、事実ではなかったようである。）

しかし毎日食べても、いつ出されてもおいしく食べることができる好みの食べ物をもっていることは、考えられている以上に重要である。祖母は「どんなものでもおいしそうに食べなさい」とよくいった。自身でも、きれいに食べた煮魚にお湯をかけ、それを満面の笑みを浮かべてすすりながら、「アーアー、おいしい」と小さく嘆声を発するのを常とした。（この煮魚、子どものわたしには本当はまずかった。）

しかしやはり、「私」にとっておいしいもの、好みのものを食べたい。好みの書物、作家がほしい。これが人間の心情の常である。「私」にとって「この作品」、「この作家」である。ここで、わたしがぜひにも薦めたい作品、作家の本を取りそろえ開陳してみよう。

3．1　この作品

1　奇蹟の書物コラム　『紙つぶて』

書物随筆（エッセイ・コラム）、本についての本がある。本について語らせたら右に出る人はいないだろう、というほどの名手はほかにもいる。たとえば丸谷才一（『低空飛行』新潮文庫）である。あるいは超辛口のためいまだ文庫本になっていない百目鬼恭三郎（『風の書評』ダイヤモンド社）であり、もうひとりあげれば詩人でもある鮎川信夫（『時代を読む』文藝春秋　これも文庫本になっていない）である。本の勘所を押さえて離さない名手たちだ。しかしほとんどの人が首肯する名手の汗の結晶がある。谷沢永一『紙つぶて』だ。

この本は最初、読売新聞（大阪版）に「紙つぶて」というタイトルで連載された1編600字の匿名（銀）書物コラムである。

小数部ながら初めて一冊になって古書店から『書名のある紙礫』（1974年）として世に出た。すぐに朝日新聞の「文芸時評」に取りあげられる幸運にであう。谷沢書評時代の幕開けだ。

《読むということについていえば、近代日本文学の研究者である谷沢永一氏の、私の

「書物随想」と副題した『書名のある紙礫』(浪速書林)は、本を読むことが文字通り命を養うことに等しいような本好きの、特色ある「随筆」である。（中略）谷沢氏は書誌学的厳密さを徹底して重んじる学者だから、ここでの書物や筆者をめぐる話題も、多くその点にかかわる。人に筆誅を加えるときのきびしさ、烈しさは、当今あまり他に例がないものだが、この種のきびしさは、筆者自身に私心があってはどだい成りたたぬ。谷沢氏の本を一貫しているのは、書物のために憤り、書物のために歓喜する書物狂の正義感であって、その筆がときに示す烈しさに目をむく人でも、その理由については いちいち納得できる。》（『朝日新聞』大岡信「文芸時評」1975年1月28日夕刊）

著者冥利に尽きる時評・論評である。ただし谷沢は辛口書評で通ってきたが、その書評・紹介の過半は、世に埋もれた作品を掘り起こし、在野の人に光を当てる、励まし書評の典型であった。ただ権威にあぐらをかく人にとって谷沢ほど恐ろしい人はいなかっただろう。

だがこのコラム集はこれで終わらなかった。よき編集者をえて『完本・紙つぶて』になり、『紙つぶて二箇目』と続き、合わさって文庫本になり『かみつぶて（全）』（以上3冊は文藝春秋）、さらに『紙つぶて（完全版）』（PHP文庫）となって完璧を期された。しかしこれに終わらなかったのだ。「自作自注最終版」と副題された『紙つぶて』（文藝春秋　２００５年）が、本文９４３ページ、索引47ページという偉容で最後を飾ったのだから、これほどに果報な書物は稀だろう。

書物好きの人なら、この最終版（５０００円）をつねに座右において参照するといい、というのがわたしの思いである。まさにわたしのこの一冊でもある。

２　奇蹟の日本文学史　『日本文藝史』

歴史は諸学の基礎である。文学史も歴史である。この本を読まないと日本の歴史はわからない、といってみたいほどの奇蹟の本である。残念ながら文庫本になっていないが、研究者を志そうというほどの人なら、どの分野に進もうと、必読の書である。
《これまで、われわれの分野で偉い学者といえば、博識者のことであった。何を訊ねても即座に答えてくださるのが大先生だったけれど、超巨大データが日本文学むけのコンピューターに入力されるであろう将来においては、どれほど絶倫の頭脳をもつ学者でも、データ・ベイスの記憶に対抗することは不可能となる。そのような時代に、研究者は何をしたらよいであろうか。人間ひとりの記憶容量が機械に対抗できないとすれば、われわれに残されるのは、それらのデータを使って、考えることであろう。考えることとは人間の特権であって、機械がどれほど進歩しても人間の相手ではない。》
（『日本文藝史Ｉ』「はしがき」　１９８５年）

著者小西甚一（1915～2007）が70歳のときの言葉である。じつに若い。この本がⅠ～Ⅴまで菊版（B4）で3315ページの大冊なのだ。だが厚いが、じつにすらすらと読むことができる。思うに、はじめ英語で書かれたからではないだろうか。日本文学通史（『日本文学史』全18巻）を英語で書いたのがドナルド・キーン（1922～）である。小西はキーンに「対抗」してこの書を書いた。もちろん小西本の方が、比肩するのさえはばかれるほど、すばらしい出来具合である。

思想史や文藝史は、ひとりで書くのがいいに決まっている。しかし、歴史のほんの一部くらいなら摘み食いできるが、時代を「原始混沌」から「現代的混沌」（三島由紀夫の死）まで、対象をアイヌ文藝、琉球文藝を含むことはもとより、日本文藝の形成と深くかかわったもののすべてを取り上げる、というような芸当はおよそ小西以外の誰かに出来るものではない。しかも、和歌、俳句の詩文類はもとより、劇、講談の類までをも包括するのである。「文学」ではなく「文藝」としたのは、人に感動をあたえる言語作品が文藝である、と規定するからだ。

こんな本が現れると、思想史の類がずいぶん書き難くなるな、というのが最初の印象であった。ある種の怪物の作品なのかというと、そうでもない。対象と方法が明確なのだから、データさえあれば、自分にも書けないわけではない、といちおうのところ考えてみることができる。それに、内容も、ひごろぼんやりと考えていたことに明確な解答を与えられたような、既認識に近い。いってみれば、言葉の本当の意味での「教科書《テキスト》」なのである。

全編、文藝評論である。人間の特権である「考えること」を駆使している。しかも、「評価」は断定調で、的確だ。つまりは、理解も論理も評価も朗らかである。言葉は激しいが、陰湿なところは皆無である。こういう朗らかさで、歴史を馳せ登り、駆け降りてくる芸当は、とても出来そうにもないな。これがひとまずの結論である。

学生にかぎらず、この本を目前にしたらしりごみするだろう。しかし開いて興味のある章や節を一読するといい。頭がすっきりすることを請け合っていい。なによりも日本人の文学伝統のすばらしさに触れることができるだけでもよい。

1960年代までに大学受験したものにとって、「小西甚一」という名は懐かしなぜか。受験古文の三種の神器『古文研究法』、『国文法ちかみち』、『古文の読解』の著者だったからだ。ただし内容は高度である。3冊ともなお現役で、最後の本は最近ちくま文庫に入った。売れ行きもいいそうだ。

3　奇蹟の小説　『神聖喜劇』

かなり長くそのうえ堅いが、以下はぜひにも読んでほしい。

《1　世に敬遠される本がある。令名のみ高くて読まれない本がある。大西巨人の『神聖喜劇』は、わたしの知る限り、敬遠されていることは確かである。しかし、読まれていないかというと、そうではない。忌避できないたちの本だからである。正確に言えば、他に類書がないため代用品で間に合わすことができない、ダイジェストではその面白さが分かりかねる、絶対に分からない、本だからである。わたしの周囲に、エッこの人と思うような人が、「大前田文七」などと口走って、私を驚かすことがある。とはいえ、やはり読まれるべきほどには至っていない、と言わなければならないだろう。

敬遠する人には、いわゆる小説好みが多い。巻を開くやいなや、古色蒼然たる描写の前に躓く、と言うのである。読み進むと、武士道の体現をさえ厭わないウルトラ倫理主義的な主人公に行き当たって、視線をそらしたくなる、と言うのである。しかも、ペダンチックの過剰な披瀝とでもいうべき他のない、詩歌、文献、考証の類がふんだんに挟み込まれており、小説か論文かの区別がなくなる、と言うのである。このような言に対して、とりあえずは、いちおうにも、におうにも、もっともなことと諾ってもよい。

巻頭直後、主人公東堂太郎の、召集を受けて夜半、玄界灘を渡る船上での思い（回想）が以下のように語られている。

「私は、小用達しのついでに、二、三回、数分間ずつ甲板に出てみた以外には、片隅にひたすら寝転んで、沈黙していた。当時における私の思想の一断面に従えば、私の生は、過去の至極不生産的であった二十二年数ヵ月をもって観念的にはすでに終わりを告げ、今や具体の破滅を目指して旅立っていたのである。この海を逆に超えてふたたび本土を踏むことは、もはや私にないであろう。その最後の旅路の最初の道筋に、嘔吐その他のどんな醜態をも演じるようなことがあってはならない。私の気持ちは一種克己的であった。私は何一つ飲食物をもって来ていなかった。食らい酔って歌う彼らに、私は、心で同感しなかったが、彼らのある部分が嘔吐し、もしくは他人に苦痛を訴えるに及んで、彼らを嫌悪した。私自身は、船旅に経験もとぼしく弱くもあるのを自覚し、乗船早早から緊張と警戒を怠らなかったのである。話相手を求める気は、まるでなかった。知人もない。」

また、最終巻末の最終文は次のようである。

「私の兵隊生活（ひいては私の戦後人間生活）は、ほんとうには、むしろそれから始まったのであった。しかし、たとい総じてたしかにその胚胎が一期三ヵ月の間の生活に存在したにしても、もはやそれは、新しい物語、——我流虚無主義の我流揚棄、『私は、この戦争に死すべきである。』から『私は、この戦争を生き抜くべきである。』へ具体的な転心、『人間としての偸安と怯懦と卑屈と』に対するいっそう本体的な把握、『一匹の犬』から『一個の人間』へ実践的な回生、……、そのような物事のため全力的な精進の物語、――別の長い物語でなければならない。」

一読して、古色蒼然と思うであろう。倫理主義的回生物語に見えるであろう。東堂太郎の、軍隊生活の折節、意識的無意識的に回想・開陳するさまざまな詩歌・文献とその講釈・解析の類が、小説のバランスをはるかに越えるほどに、異様に繁出しかつ大量におよぶ、ということに辟易するだろう。だろう、ではなく、である、とわたしが断言してもよい。

2　だが、いくぶん、そう、十数ページないし百ページくらいまで辛抱して読み進めば、この小説に対する感想はまったく別物になるだろう。……

古色蒼然たる文体。なるほど、例えば、太平記を現代訳してナウク人の前に差し出すことはできる。よくある手だ。しかし、太平記を、古色体のまま引き出すようにして、しかも少しも古くない、否、若々しい感興を呼び覚ますことを、大西はするのである。ペダンチックの限りを尽くして、ないしは、ペダンチックの極北を誇るかのように、知芸教養の深く高くある様を、危うい均衡の上でかいま見せるのである。倫理主義的・武士道的反動と、革命的倫理主義とは、肯定、否定の両面において、太く繋がる様を如実に示すのである。田舎芝居ないしは講談調の舞台をあしらえて、およそ最も倫理的・人間的な言説を導き入れるのである。

3　……

わたしにも、少なくとも主人公東堂（および作者大西）の判断力、倫理性に俗物的なところが大いに少ない、と感じられる。量の問題ではなく、質の問題として、そう断言できる。しかし、この点が、（あるいは、大西のほかの小説の主人公の場合もほぼ同じように、）この小説の欠点なのであろうか。ひいては小説一般として欠点なのであろうか。わたしは、逆な風に（も）考えてきた。考えて（も）いる。

東堂は俗物を憎む。とりわけ、自己の俗物性を糊塗して、俗物性を指弾する似非倫理家を憎む。しかし、同時に東堂は、自己の中に俗物性を排撃する傾向の強さを、孤立主義的・自己中心的、大きくいえば、独り善がりの潔癖性として否定的にさえも位置付けているのである。その潔癖さを、自ずと好む自分の性癖に愛想づかしをしながら、やはり大切なものとして保持しようとするのである。

東堂は、非論理性を憎む。とりわけ、似非論理の外観に包んで、自己の言説行動を合理化しようとする者たちを憎み、徹底抗戦する。学知ある者は、口舌の徒にすぎない。そのような者に戦争の具体悲惨をくぐり抜けることなどできない、とする日本農民下士官大前田文七に激しく対抗する。同時に、論理的な判断は、ついに、日本農民、人非人で「人間的な、あまりに人間的な」大前田の判断力の前には無力に違いないと、論理性の絶対的重要性を確信しつつも、実感・恐怖してしまうのが東堂なのである。

これを指して、人は東堂の「両義性」と言うなら、東堂は、俗物的ではないが、俗物性の何たるかを了解していると言いうるであろう。しかし、東堂の魅力はこんなところにあると言うわけにはゆかない。

「両義性」とは、相入れないものの共存、混合、矛盾と言うほどの意味だろう。東堂の倫理的潔癖さは、俗物さと対立して共存しているのではなく、何かの拍子で、それは偶・必然的に、俗物に転化してしまう類のものを核心部分にもっているのである。俗物に至らない保証は何か。わたしは、何もない、強いて言えば、東堂に固着した「何か」である、という他ないと考える。その何かを形象化する力こそ、小説（フィクション）固有のものなのである。まことに印象的な場面がある。

情事が原因で職役離脱して逮捕された大前田が、憲兵に連行されてゆくところに偶然出くわした東堂。全巻終結間近の部分である。

「昨晩よりの風雨によほど萎れたらしい牡丹桜の下陰、哨舎前の踏み石の上で、表門歩哨が、憲兵士官にたいして「捧げ銃」を為し目迎目送を行った。その歩哨に、私は、遠くから敬礼した。ただ私だけが偶然ながら大前田班長を見送っている、と私は思った。それは、私として不本意なことではなかった。……陸軍軍曹大前田文七。人非人でもあり『人間的な、あまりに人間的な』男でもあるような日本農民下士官。……そういう大前田文七を、ただ私東堂太郎だけが、煙雨の褶を通して、かりそめながら、見送っていた。それは、私として心外なことでもなかった。」

これは明らかに、仁侠映画の最終場面を想わせるようなシーンである。もとより、同じではない。でも……と思わせるところが、東堂の心振りなのである。……

4　この小説は、一人のマルクス主義者が書いた、……マルクス主義者であるからこそ書けた、傑出した文学である。しかも、孤絶した軍事基地内を舞台とする反戦・反軍作品である。その「特殊の境涯」の中で、軍隊内法規を唯一の武器にして戦おうとして決心する東堂を主人公とする物語である。しかも作者は、軍隊を、「特殊の境涯」として孤絶的に描くのではなく、実際社会の「縮図」として描き切ろうとするのである。……

ただ一つだけ強調しておこう。これは50年前の、歴史条件が今日と異なる小説として、したがって、断じてあの戦争の悲惨さを忘れてはならないという過去形の視点で、読まれてはならないのである。逆なのである。今日、この小説は、ますます新しくなっている。成長さえしている。どういうことか。

最近、大西は、「わたしの社会主義感覚」という表題で短文を書いた（『朝日ジャーナル』90・6・20臨時増刊号）。主旨は、「社会主義とは、万人のために一人の幸福を犠牲にすることだ」などでは断じてない。一人（少数者）の幸福のために万人（多数者）の幸福を犠牲にする「第一の階級」は、入れ代わり立ち代わり出現する。その「第一の階級」を克服すべく不断に全力を尽くして努めるのが、社会主義であり、そこに、「私の社会主義感覚」が、淵源する、である。大西は同じ言葉を『俗情との結託』(立風書房・82年)に記している。「万人の幸福のために各個人の幸福を犠牲にする」ような「主義」や「哲学」や「制度」やは、すべて悪であり不正であると、信じる、と。この命題は、言うまでもなく、『神聖喜劇』の基本命題でもある。また、この命題にこそ、崩壊した社会主義の現実の後に、社会主義の未来を構築する鍵があると、大西とともに言ってみたいのである。つまり、東堂太郎を始めとするこの小説を飾った登場人物達は、現在にこそ蘇って思考し行動する必然を持つのである。》(鷲田小彌太「大西巨人・神聖喜劇　現在から未来への道」、『ちくま』1991年11月号)

どうだろう、奇蹟の小説と思えないだろうか。著者大西巨人(1919~2014)は90歳を過ぎてなお現役であった。これも奇蹟に近い。『神聖喜劇』(全5巻)は、最初、光文社から単行本で、ついで文春文庫に、現在は光文社文庫に入っている。また漫画『神聖喜劇』(全6巻)も出て、好評を博している。この本に当たって砕けろ、とはいわないが、当たるだけで、それがもつ価値に気づくだろう。

3．2　この作家

その作家の本が出たら、すぐに買って読みたくなる作家がいる。正確にいえば気がついたらもう読んでしまっている作家で、常食ならぬ常読の作家、ご贔屓の作家だ。そういう作家は、生涯を友とすることが可能な作家だ。各ジャンルにそんな作家がいたら、どれほど読書欲が満足させられるだろう。

ここでは、若い人にかぎらず、青中老をとわず、ほとんどの日本人がその作家のどの本を読んでも知的・教養的満足をえることのできる作家を三人だけ選んでみた。もちろん切れ目なく作品を書き続けている多産の作家でなければならない。1週間程度で読み切ることが可能な作家では、大いなる読書欲を満たすことは難しい。一生を贔屓で通すことはもとより難しい。

1　司馬遼太郎　日本人の物語

司馬遼太郎は、小説、紀行文、エッセイ等の形で、日本人の歴史（物語）を書いた文字通り多産の作家である。すでに亡くなっているが、現役時代と同じように読まれている。その総発行部数は2億部に達しそうで、先行する現役の赤川次郎、西村京太郎に追いつく勢いである。

司馬遼太郎の作品は、再読、三読が可能である。何度読んでも「新しい」、面白い。読むたびに新発見があるからだ。長編小説だけではない。短編小説、紀行文、エッセイ、評論、どの作品を読んでも、読書の魅力を満喫できる。なによりも教わるところが多い。

司馬の長編小説を時代順に並べてみると、日本人の物語になる。

①『空海の風景』(奈良から平安)、②『義経』(平安から鎌倉)、③『妖怪』(室町中期)、④『箱根の坂』(戦国前期)、⑤『国盗り物語』『新史太閤記』『関ヶ原』『覇王の家』『城塞』(戦国末期から江戸)、⑥『大盗禅師』『菜の花の沖』(江戸)、⑦『竜馬がゆく』『花神』『燃えよ剣』(幕末)、⑧『胡蝶の夢』『翔ぶが如く』(幕末から明治)、⑨『坂の上の雲』(明治)、⑩『人々の跫音』(大正昭和)である。

むしろ司馬が書かなかった、書けなかった日本人の物語のほうに注目が集まるほど、壮大な日本人の歴史ドラマが展開されるといっていい。欠落しているのは、古代・ヤマト期、建武の中興期、昭和戦争期にすぎない。

また紀行文にジャンル分けされるものも『街道をゆく』(全43巻　朝日文庫)をはじめ膨大な数に上る。文字通りの世界紀行で、どれも面白く味わい深く、しかも知的である。わたしなどは「小説」として読んでしまう。ちなみに全集類をあげてみよう。

『司馬遼太郎全集』（全68巻　文藝春秋）、『司馬遼太郎短編全集』（全12巻　文藝春秋）、エッセイ集『司馬遼太郎が考えたこと』（全15巻　新潮社　新潮文庫）、『司馬遼太郎対話選集』（全5巻　文藝春秋　文春文庫）、人物エッセイ集『司馬遼太郎　歴史のなかの邂逅』（全4巻　中央公論新社　中公文庫　全8冊）、『司馬遼太郎全講演』（朝日新聞社　全3巻　朝日文庫　全5巻）

さらに注目すべきは、その作品の過半以上が文庫本で現在も手に入ることだ。いつでも、どこでも司馬作品が読めるわけだ。「うんと愛して、長く愛して。」それが司馬文学だ。

2　吉本隆明　戦後思想の世界標準

現在、日本の思想家のなかで、その著作を翻訳して世界に紹介したい人はいるのか、と問われれば、1に吉本隆明、2、3がなくて、4に梅棹忠夫である、というのが私の答えだ。ちなみに「思想」というと重量級で、難解で、敬遠気味になるだろう。だが、「考える」（think）こと抜きに「思想」（thought）なんてありえないのだ。そして人間は考える存在である。考えない人は人間の条件を逸しているのだ。

思想は思想を食って生きる。事実、プラトンはソクラテスを、そのプラトンをアリストテレスが咀嚼して自立した。スピノザはデカルトを、そのスピノザをヘーゲルが、ヘーゲルをマルクスが咀嚼して自立したのである。つまるところ、思想は大食いでないと思想の名に値しない。そういって間違いない。大食いの司馬遼太郎も思想家であるが、小説家としての思想家である。吉本は自立した全身思想家である。

吉本隆明（1924〜2012）は大食いである。グルメではなくグルマンだ。宮沢賢治、マルクス、フロイト、ニーチェ、高村光太郎、丸山真男、島尾敏雄、親鸞、西行、源実朝、良寛、柳田国男、夏目漱石、太宰治、小林秀雄、横光利一、芥川龍之介、シモーヌ・ヴェイユ、等々すべて一冊のモノグラフィ（専門書）になるくらい、読んで、書いている。

ただし吉本は思想史家や解説者ではない。そのほとんどは「読み替え」である。模倣ではなく、吉本独自の思想家像を作り上げる。その読み方が独特である。メスさばきも鮮やかに作品を解剖してゆく外科医のやりかたではない。幕が上がる。吉本の短いメッセージがあり、次いで、作品がおのずと自分の姿を評者（吉本）に見せるような気運が作り出され、作品がおのずと語り出すのである。しかしその物語は最初のメッセージ、吉本が設定した枠組みを離れることなく進行し、読者を引き込んでゆく。はじめは強引と思えた吉本の枠組みが、途中から気にならなくなる。まずは『悲劇の解読』（ちくま文庫）を薦めたい。

吉本は人物を巧みに語る名手である。その追悼文がとくにいい。「棺を蓋《おお》いて事定まる」というではないか。独立の追悼集『追悼私記』（ちくま文庫）さえある。もうこれ以上ほどないという逸品を紹介しよう。

《この歌手は身辺にどんな不協和音や雑音がつきまとっても、その歌唱の高さと成熟度をそこなわれることはないと信じられるようにおもえた。クラッシックの歌手の世界でも、ニューミュージックの歌い手の世界でも、ジャズやヨーロッパ調の歌唱の世界でも、美空ひばりに匹敵できる歌手は、まったく存在しないとおもえた。才能や素質もあったろうが、ここまで歌唱の修練をやってみせた歌手は、それまでほかにいなかったのだとおもう。美空ひばりの歌は、そのまんま日本語で歌っても、アメリカやヨーロッパはもちろんのこと世界じゅうどこでも、即座に通じ、その感銘の度合いは世界的レベルにあることを、どこででも示すことができたにちがいない。こんなことが成り立つ存在は、芸術や芸能その他のほかの分野では、わが国ではほとんどひとりも数えあげることができない。模倣によって国際的だといえるものが少数いるだけだとおもう。こんなことは、ほんとうはどうでもいいことだ。芸能家も芸術家も、どんなに他人の評価をもとめたり、拒否したりしても、ほんとうはただ表現したいという無意識だけが、その必然なのだといえる。子供のときから歌うことで肉親の生活を支えたい、金銭を得たいとひたすらおもってきた美空ひばりでも、その歌唱を偉大にしているのは歌いあげたいという無意識だということは疑い得ない。それがなければ得たいとおもうものを手にいれたあと、修練の必要などなかったはずだ。だが彼女は疲労しても、生活の心労がどんなに重なっても、修練を手放すことがなかったと推測する。これはほんとうの天才だけが演ずる悲劇なのだ。彼女の死にはこの悲劇の影があった。》(吉本隆明『追悼私記』ＪＩＣＣ出版局)

どうだろう。こんな追悼文をえて美空ひばりももって瞑すべしだ、と思わないだろうか。うらやましいかぎりではないか。

ここで「修練」とは「教養」を積むことの極限形式である。誰にでも理解可能で、習得可能な「教養」を、どこまでも引き伸ばしてゆけば、到達可能なプロセスのことである。だから、吉本流にいえば、美空ひばりは、万人に、人類に通じる「教養」を歌いあげた、ということになる。もっとも、急いでつけくわえれば、この極限形式に到達できるのは、やはり、修練の果てというのだから、稀の稀ということになる。

思想家である。代表作がなくてはならない。吉本に3冊、『言語にとって美とはなにか』『共同幻想論』『心的現象論』(序説)という原理論がある。ともに角川文庫に入っている。吉本が何を論じてもぶれない理由である。しかしこの主著は難解である。なみの歯で嚙み砕くことは難しい。

だが心配しなくともいい。吉本の作品は、この主著を読んで理解できなくとも、理解可能である。むしろ主著を読まないほうが、吉本作品に軟着陸できるといいたい。

思想家とは、「現在の問題」（時局 situation＝情況）を考え抜くことができて、初めて思想家といえるのだ、というのが吉本の覚悟である。たしかに新聞は「時局」を扱うが、解法は示さない。新聞が示す「解法」は、解決に至らない「曖昧解法」である。吉本の情況論の代表作に『重層的な非決定へ』（大和書房）がある。

吉本はつねに新しく生起する問題にアプローチしてゆく。その議論の中心にあるのが資本主義論である。吉本は、資本主義を、マルクスが対象にした「古典」モデル、60年代までの「現代」モデル、そして70年代以降の「現在」モデルに時代区分する。現在モデルは「ポスト＝超」資本主義であるだけでなく、危機点に達した「ハイパー＝超」資本主義であると定義する。

簡単にいえば、高度資本主義は理念の実現、繁栄、幸福、平和の到来であり、同時に、治癒不能な「病理」の実現であるというのだ。言葉を足せば、資本主義は、生産中心社会から消費中心社会に移行し、「高度」消費を実現しなければ、つねに痙攣と後退を余儀なくされる病理段階に入ったということだ。その核心はこういうことだ。

70年代以降、日本資本主義が高度資本主義＝消費資本主義に突入した。生産（労働）を中心とする資本主義から消費を中心とする資本主義への転換である。転換の2つの指標（メルクマール）がある。

1つは、平均的な個人所得のうちで50％以上を消費に充てていること（同じことだが、国内総生産＝国民所得のうち50％以上を個人所得が占めること）だ。2つは、消費を必需消費と選択消費に分けると、選択消費が50％を超えることである。もし国民が、特に購買しなくても済むものを買い控え、その額が所得の5％を占めると、日本の国内総生産（ＧＤＰ）がおよそ3％落ち、「不況」（リセッション）が生じる。つまり、消費資本主義は、後戻りできない過程に入った（『大情況論』１９９２年）ということだ。

どんなに繁栄を誇る資本主義でも、その根底でつねに痙攣を引き起こす、不安定で危険なしかも後戻り不能な状態にあるというのである。

美空ひばりも、マルクスも、そして最新の社会現象をも読解する吉本の著作を繙いてみようではないか。

3　塩野七生　ローマ人の物語

司馬遼太郎は日本人の歴史＝物語を書いた。塩野七生《ななみ》（１９３７〜）は文字通り『ローマ人の物語』（文藝春秋　全15巻）を書いた。偉業である。

１９６３年イタリアに留学し、１９６９年『ルネサンスの女たち』でデビューし、１９７０年からイタリアのローマに在住して、陸続と作品を発表してきた。一種の頭脳流出と見えるが、まったくそうではない。むしろ日本文化の「輸出」に貢献すること大であったというべきだろう。

塩野は才色兼備の誉れ高く、「私は学者ではない」というが、わたしなら学者にして誰でも容易に読むことができる文体をもつ、大衆作家であるといいたい。

『ローマ人の物語』（新潮社）は、Ⅰが1992年に出て、XVが2006年に完結した大長編である。大好評で迎えられ、2002年から文庫化が始まった。日本人が記すこのローマ人の物語を読みながら、つねにわたしの念頭を離れないのが日本人の物語である。ローマ人の歴史に重ねて日本の歴史を読む、それが塩野の歴史物が好評を博することが出来た理由の一つであろう。

日本人がローマ人に成り代わってローマ人の歴史を書くのである。なまじのことではない。

開巻すぐに、ローマを物語った信頼の置ける本格的な歴史の「第一作」は、他国人であるギリシア人、ポリビウスによって書かれた、と塩野は記す。ポリビウスは、紀元前167年人質としてローマに連れてこられ、20年間をかけて『歴史』を書き上げたのであった。この記述には、1963年、単身イタリアに乗り込み、実績によってその地で迎えられ、満を持して「最新」のローマ人の歴史を書き上げようという作者塩野の大いなる抱負が透けて見える。

この作品の圧巻はやはり2巻を占める『ユリウス・カエサル』である。あまりにも有名な一節だけを引こう。ローマに戻ろうとするカエサルに、元老院は軍を解散し、裸で戻るべしという「最終勧告」を突きつけた。解任と被告の処分である。

《ルビコン川の岸に立ったカエサルは、それをすぐに渡ろうとはしなかった。しばらくのあいだ、無言で川岸に立ちつくしていた。従う第十三軍団の兵士たちも、無言で彼らの最高司令官の背をみつめる。ようやく振り返ったカエサルは、近くに控える幕僚たちに言った。

「ここを越えれば、人間世界の悲惨。越えなければ、わが破滅」

そしてすぐ、自分をみつめる兵士たちに向い、迷いを振り切るかのように大声で叫んだ。

「進もう、神々の待つところへ、われわれを侮辱した敵の待つところへ、賽は投げられた！」

兵士たちも、いっせいの雄叫びで応じた。そして、先頭で馬を駆るカエサルにつづいて、一団となってルビコンを渡った。紀元前四九年一月十二日、カエサル、五十歳と六カ月の朝であった。》（Ⅳ）

歴史小説に特徴的な大げさな文言はなにもない。淡々としている分、かえってカエサルや部下たちの吐く息、止める息さえ聞こえるような、生々しい情景が浮かぶ。

作家塩野の知的下地になっているのが、大学（学習院）で哲学科に進み、学んだリベラル・アーツ（教養学）である。ギリシア史が呉茂一、中世思想史が下村寅太郎、西洋美術史が富永惣一で、卒論はルネサンス美術であった。これにインド哲学の中村元、近代思想史の城塚登が加わるのだから、なんという豪華キャストの教授陣だろう。

塩野にも膨大な作品がある。そのうち3冊、ぜひとも薦めたいのが、『海の都の物語　ヴェネツィア共和国の一千年』（2冊）『わが友マキアヴェッリ　フィレンツェ存亡』で、ともに中公文庫に入っている。（なお関連して『マキアヴェッリ語録』（新潮文庫）は便利である。）もう1冊、エッセイ集『男たちへ　フツウの男をフツウでない男にするための54章』（文春文庫）が秀逸である。はげて腹の出たショーン・コネリーがいかにいい男かを説くあたりは、絶品である。

3．3　この伝記「自伝」のモデルにはならないが

最後にぜひにも述べなければならないジャンルがある。伝記・自伝である。それも怪物のだ。怪物とは「⑴怪しい物。ばけもの。⑵性質・行動などの測り難く、力量の衆にすぐれた人。」と『広辞苑』にある。ここでは両方の意味を兼ね備えている。そんなはかりがたい怪物（モンスター）、つまりは桁外れの人間の行状記を読んでどうするというなかれ。いい意味でもわるい意味でも極端体、つまりは典型（タイプ、モデル）なのである。

司馬遼太郎や塩野七生が偏愛した「英雄」はそのほとんどが怪物でもある。信長、カエサルみなそうである。黄金愛ロマンに走った怪物がシュリーマンであり、人類愛の理想郷の到来を予言した怪物マルクスは、人類に夢を、現実には悪夢をもたらした希有の存在である。

戦後教育や読書の特徴は、いっせいに「英雄」に習え・倣えという気風を失わせたことではないだろうか。ハードな人生を生き抜いた人間を毛嫌いする風潮である。しかし「虚人」もまた怪物にはちがいない。英雄伝記を読む面白さの一つに虚像破壊があること、いうまでもない。一つの極端体＝典型を生きた人の人生から、正負ともど

もの人生の意味を学ぼうではないか。薦めたい本は数多くあるが、ここでは典型中の典型を3冊紹介するにとどめる。

1　シュリーマン（1822〜90）『古代への情熱』功名心に燃える黄金探求者

小さな本である。しかし中味は異常に濃い。

1　黄金への野望

《黄金夢》、ドイツ北部のバルト海沿岸の変哲もない村の牧師館に生まれる。父が聞かせてくれる古代ギリシアの偉大な叙事詩、ホメロスの2大叙事詩『イリアス』と『オデッセイア』に描かれた黄金の実在を信じた。

《不幸》、母の死と父の乱行によって家族は壊れ、父は職を失い、シュリーマンは貧困に落とされ、学業を断たれる。10代の後半を寸暇なき苛酷な小僧として過ごす。

《富豪》、19歳で村を出奔し、23歳でようやく貿易商に雇われ、才を認められて、24歳からロシアのペテルブルクに交易の根城をおき、奇跡的な商才を発揮し、巨万の富を獲得する。

《黄金》、41歳でビジネスの第一線から退き、世界旅行に旅立ち、古代黄金発掘の夢の実現に向かって進む。44歳で考古学を学び、アテナイで助手となるべき妻をえて、

49歳でトロヤを発掘、黄金財宝をえる。《栄光》、54歳でミケナイ、62歳でティリマティスを発掘し、考古学史上に金字塔を打ち建て、68歳で亡くなった。

ハインリヒ・シュリーマンの略歴をどんなに縮めてもこの程度の長さになる。「詩と真実」といわれるが、古典の傑作といわれる「詩」に「黄金真実」を求めるのは、子どもに特有の稚気である。不幸や苦難に打ちひしがれずに、幸運と努力で富と栄光を得る例も稀ではない。ここまではシュリーマンは英雄でも稀人でもない。しかし、人生半ばで地上の黄金脈を捨てることさえ難事なのに、「神話」の黄金郷を信じ続け、その発掘のために猛勉学し、莫大な私財を投じ、世人と研究者の嘲笑と妨害にもかかわらず、遺跡と黄金をともに発見し、その成果を学術書にまとめる。ここまで徹底するのはさらに困難である。だがシュリーマンの偉大さは後半生にあるのだ。

2　「成功」の原動力は功名心

シュリーマンには、一家離散、牢獄のような小僧生活から抜け出したい、抜け出さなければならない理由があった。結婚を約束した初恋の少女にふさわしい人間になるためである。結婚を阻むのは貧困だ。金を得たなら、人生の勝者になり、彼女を獲得できる。「金さえあれば」がこの青年の功名心の核にあるものだ。ところが病弱の上に貧しい。彼がもつのは、節約と正直と勤勉が勝利を約束する、という信念だけであった。

彼がまず向かったのは新天地のアメリカのコロンビアであった。しかし出航間もなく難破にあい、九死に一生を得るが、病気も克服する。大不運と一寸の幸運が彼を楽天家にし続けた理由でもある。

ようやくアムステルダムに腰を落ち着け、彼一流の勝利の法則を実践しはじめる。第1は、安い給料の半分を勉強のために使う。これは可能だろう。第2は、勉強の中心に語学の習得をおくのである。その方法が独特なのだ。
① 母国語であるドイツ語からはじめて、オランダ語、英語に向かう。まず母国語からはじめることが肝心である。注目されたい。
② 語学はビジネスに大いに役立つ。しかし正しくしゃべり、正しく書くことができることがめざされる。自在に書けると、ビジネスにも数倍役立つ。
③ 習得の基本は暗記だ。英語なら名作の『ウェークフィールドの牧師』や『アイバンホー』である。音読を繰り返すことで、語学が身につき、集中・記憶力も向上する。
④ 短期間の集中習得である。ほぼどんな言語も3ヵ月以内に熟達する。1年間で、フランス、スペイン、イタリア、ポルトガル語まで進んだ。脅威のスピードだ。
こうして22歳の青年が大きな輸出商で通信・簿記の職をえた時、7カ国語を使える

正直と勤勉で、新しい主人を驚嘆させ、その才を買われてビジネスの新天地ロシアのペテルブルクに派遣される。客の言葉で商売ができる、これが彼の特性になる。

シュリーマンが実践した勝利の法則は、だれもが真似できる種類のものではない。成功の王道かもしれないが、手本にはなりがたい。ただし貧しく若い時、節約と正直と勤勉がめざす功名をえる法則であることは、古今東西変わらないだろう。

3　地上の黄金と地下の黄金をえる

ロシアで、利をもたらす所ならどこまでも、命の危険を冒してまで直進するこの根っからの黄金欲者が、大富豪となった。成功につぐ成功であった。幸運あってのことだが、変わらず節制と正直と勤勉を持続したからである。ただし家族的幸福はもちえなかった。彼に家族愛が欠けていたからか。強すぎたことと、妻が「金」と結婚したからである。2人目と3人目の子は強姦同然によって生まれた、とシュリーマンは述懐している。

41歳、事業から身を引くには若すぎる。精神も身体もまだ若い。しかしまだ若々しいからこそ、年来の「夢」が実現可能なのだ。後半生の情熱のほうが前半生よりすさまじい。より大きな功名心の発露の結果である。世界旅行と日本訪問がこの前後半の間に挟まっているのも記憶しておきたい（『シュリーマン旅行記　清国・日本』講談社学術文庫）。

後半生でも語学力にものをいわせている。ホメロスは古代ギリシアの詩人だ。その作品の舞台はギリシア周辺である。まず現代ギリシア語を、そして古代ギリシア語を自家薬籠中のものにし、トロヤのあるトルコ語等々を短期間に習得し、考古学をパリで学び、博士号をとって箔を付け、ギリシア人でホメロスに興味を持つ若い美しい女と2度目の結婚をして助手にし、万端整えたうえで、49歳、トロヤに乗り込む。発掘事業の開始に7年を費やしたのだ。

ただしいかにもシュリーマンらしいやりかたでである。「ホメロスの世界」を発掘し、再現するのが彼の第1の念頭にあったものではない。あくまでもホメロスがその作品で描いた「黄金」の発掘であった。そして目ざす所に黄金を見いだし、妻と2人で黄金の数々を掘り出し、秘かにギリシアに持ち出す。続いてミケナイを発掘し黄金をえた。ティリマティスではホメロス「伝説」が現実の世界であることを示した。

この間、発掘に莫大な私財が投じられた。彼は眠れる黄金を得たが、投じられた費用や労力に比べると、微々たる額にすぎない。しかし、発掘者、続いて学術者、さらには発掘品寄贈者としての3人目のベルリン名誉市民の栄光をえる。彼のあくなき「功名心」が満たされ、その名は世界史に残り、日本の子どもたちにも届いている。

4　栄光と苦悩

しかし栄光は大小にかかわらずつねに苦悩をともなう。ロシアの大富豪はくつろげる家庭をもつことができない。黄金欲がかれを動かしたが、他人といわず身内といわず黄金で動かそうとして、憤怒と敵意を食らうことになった。トロヤの遺跡発掘は、学界からは偽物・誤謬のレッテルを貼られ、現地の政府や土地所有者からは「強盗」まがいの所業と訴追され、その節約と正直と勤勉さがギリシアの妻や子供、友人や協同者に過重な要求となって現れた。とくに彼を惨めにしたのは、ごく少数を除いて、学術上の賛同者をえなかったことだ。ここでも、金にものをいわす彼独特のやり方が、敵対者をいやがうえにも増やしたのである。

しかし晩年、彼は、大富豪のゆえでもなく、ホメロスの黄金郷の発掘者としてのみでもなく、古代ギリシアの考古学上の発見者、その成果を研究にまとめた大きな学者として、そしてあんなにも憎んでいた故国ドイツに凱旋するベルリン名誉市民として、大きな栄誉につつまれた。

だがやはりいわなければならない。彼は、地上の黄金でえた友人の数倍、数十倍の敵を黄金で作った。地下の黄金、とりわけ彼の名とともに不朽のものとなったトロヤの遺跡（黄金）が、考古学研究の自己深化によって、トロヤの遺跡ではなく、その数代前のXの遺跡（黄金）であることが判明したのである。彼自身の手で彼の功名を否定しなければならない不幸に出会う。彼の不慮の死がこの不名誉を彼自身が「告発」するのを押し止めたのだったが。

シュリーマンの行状からなにを学ぶか、それはあなた方次第だ。

2　斎藤秀三郎（1866〜1929）『斎藤秀三郎伝』日本人の英語と英語教育のために全生涯を費やす

大村喜吉《きよし》の手になるこの評伝は、けっして読みやすいものではない。その第一の理由は、この書が斎藤伝であるとともに、独創的な英語学者で教育者である膨大な斎藤著作の研究書でもあるからだ。しかし学問に足を踏み入れたものなら、一度は手に取り、目を通してほしい破天荒な人間の感動的な伝記である。

1　正則英語学校の成功

まず最小限の略歴を追ってみよう。

1866年、仙台藩士の長男として生まれ、71年（5歳）仙台藩の英学校辛未館に入学。74年（8歳）宮城英語学校入学（米国人教師C・L・グールド）、79年（13歳）上京、東京大学予備門入学、80年（14歳）工部大学校（現在の東京大学工学部）入学。83年（17歳）工部大学校退学。84年（18歳）『スウィントン式英語学新式直訳』（十字屋・日進堂）を翻訳出版。仙台に戻り、英語塾を開設。87年9月第二高等学校（現在の東北大学）助教授（88年9月教授）、89年11月岐阜中学校、92年4月長崎鎮西学院、9月名古屋第一中学校を経て、93年7月第一高等学校教授（97年辞職）。96年10月、神田錦町に正則英語学校を創立し、校長。以後、死亡するまで、ここを本拠として教育・研究に生涯を尽くした。

一瞥するに、東大予備門まではいちおう順調に進んでいる。だが工部大学校以降は、中退、短期で退職、転職を繰り返している。これは斎藤の「非社交性」に起因するもので、友人は時間を食う贅沢品で、多くの知的な芽生えを殺す、というのが斎藤の定律であった。

斎藤の本拠（ホームグランド）は、96年に創立した正則英語学校で、1900年をはさむおよそ10年間、この学校が文字通り日本の英語教育の総本山であったといっていい。いかに英語ブームだったとはいえ、開校して4年で生徒数が3000人を超え、最盛時にはゆうに6000人を超えた。その生徒のなかには、東大生、一高生、ときに東大教授も紛れ込んでいたというのだから、驚くべき盛況ぶりであった。しかも最盛期には1日に入る受講料が1万円（現在なら1億円）を超したのだから、斎藤校長の得意満面たる姿が目に浮かぶ。

2　斎藤メソッドの由来

斎藤英語の成功の最大理由は、斎藤メソッド（方式）といわれる英文法の「科学的」研究に裏打ちされた、日本人が習いおぼえるための英語習得法を確立し、教育しようとしたことである。裏を返せば、英国人には難しくても日本人には易しい英語をめざしたのだ。

しかも斎藤自身の英語習得の歴史がすさまじい。数えの5歳で英語だけで授業する学校に入り、工部大学校も授業はみな英語（と外国語）だったというのだから、日本語より英語のほうが斎藤にとっては「自然」であるのは当然だった。事実、斎藤の手紙はすべて英語であり、電報だけがカタカナであった。

学校教育よりもっとすさまじい（ハードな）のは、勉強量である。工部大学校の3年間に、図書館にあった英書をすべて読破し、大英百科事典（ブリタニカ百科事典全35巻　原書）を2度読んだというのだから、すさまじさを超えている。しかも特記すべきは、この勉強量が終生変わっていないことだ。

斎藤は自分にもきびしく勉強を課したが、生徒や同僚にもきびしかった。18歳、仙台で開いた私塾には師範学校の教師なども来たらしいが、7～8人いた生徒があっというまに2～3人に減ってしまった。また自分の英語力に対する自負もすさまじく、岐阜中学の時代、校長が中学英語教師の資格試験を受けることを勧めたのに対し、「誰を試験するのか」といい放って辞職している。

ただし言い添えておかなくてはならないのは、正則英語学校の隆盛は、斎藤式の勝利でもあったが、なんといっても日英同盟締結（１９０２年）による英語ブームを背景としていたことである。

3 『熟語本位英和中辞典』

斎藤は大量の著作を書いた。積み上げると3メートルになる。わけても『前置詞大完』(Monograph on Prepositions 13巻)はその網羅的体系的な点で国内外からも高い評価を受けており、実践的な学習文法書『実用英文典』(Practical English Grammar 4巻)は現在でも最良のテキストとの折り紙がつけられている。

だが、斎藤といえば単独で執筆し、現在でもわたしたちが使っている『熟語本位英和中辞典』(岩波書店 Saito's Idiomological English-Japanese Dictionary)である。この辞書は最初(1914年)日英社から出た。日英社となにものか。正則英語学校出版部のことで、「日英」とは文字通り「日英同盟」に由来し、斎藤は自身を「日英子」と号していた。それにこの辞書執筆は、学校経営の凋落と多大の借財を支払うために斎藤が起死回生を図って目論んだものでもあった。

単独で執筆、校正したというだけでもすごいが、その内容が際だっている。「文は人なり」というが、辞典類は普通ニュートラル(中立)を旨とするのに、この辞典は、その訳語に最もよく表されているように、まさに斎藤色丸出しなのだ。

She is no better than she ought to be.(根がそれ者だけに)ろくでなし。

〔*は、研究社の『英和中辞典』の訳文である。〕

「no better than one should [ought to] be《古・婉曲》(特に)〈女性が〉身持ちのよ

くない、いかがわしい。」
Impotent rage.　ごまめの歯ぎしり。
＊an impotent rage.　どうすることもできない怒り。
Love me little, love me long.　細く長く〔大原麗子のCM文句、「すこし愛して、なが〜く愛して」〕
＊『英和中辞典』にはこの例文はない。
Sleep the sleep that knows no dawn.　春眠暁を知らず。
「熟語本位」と「日本人本位」さらには「斎藤本位」の三位一体の一端が理解できるだろう。

この辞書の発音は最初カタカナ表記であった。それが斎藤が亡くなったあとの増補版で音標文字（発音記号）に替えられた。むしろ残念である。日本人本位なら、せめてものこと、カナとの併記にしてほしかったものだ。（発音文字の併記という点で、わたしの娘たちが使用した小学館の『フレンド英和辞典』を重宝している。）
斎藤はこのほかに『携帯英和辞典』、『斎藤和英大辞典』（新版〔NEW〕が日外アソシエーツからデジタル版とともに再刊された）を完成し、未完の『斎藤英和大辞典』の原稿（「H」まで　復刻あり）を残した。日本人の至宝である。

4　仕事本位のわがまま

『斎藤和英大辞典』は「わがまま」の項に、「彼はわがままいっぱいにしている、わがままを仕尽くしている　He has everything his own way.」と記す。およそ斎藤ほど、他人に対して、仲間に対して、家族に対して、妻に対して、わがままのかぎりを尽くした人間はいないのではないだろうか。すべてSaito's wayを貫いた。ただしただのわがままではない。その生活（Life）のすべてを「仕事本位」においた結果であった。ただし斎藤といえども、大酒を呑み、芸者遊びをした。気分転換のためで（妻は子どもたちに亭主の料亭通いを「お父様はお散歩です」と言い聞かせたそうだ）、寸暇を惜しまずに励み、けっして仕事のタイムテーブルを寸刻も狂わせることはなかった。

斎藤のわがままの最も大きな被害者は家族、とりわけ子供ではなかったろうか。家の憲法は「現状維持」であった。斎藤の仕事一切に手を触れること、仕事の邪魔をすることは禁じられた。この六尺ゆたかな大声のライオンだけが存在するかのような「家」、それが斎藤家であった。好物の「刺身」がなければ、見つかるまで探さねばならなかった。コップが壊れれば、同じ物を買い求めなければすまなかった。現状維持で、代用品は認められなかったのだ。娘婿はこう記す。

《一日二十四時間、一年三百六十五日を極端に利用しようとして、父は人間業とも思われぬまでにその生活を規則的にした。以前のことは知らず、少なくとも私が知っている最後十年ばかりの毎日毎日の生活はほとんど時計の歯車のよう、否、それ以上で

あったと言い得る。近ごろは電気時計でさえ狂うのに、父の生活には少しの狂いもなかった。》

食事もひとり、家族団欒はもとより会話などもありえない。特別の用事のときは子が書生を通して面会を申し込む。家事、子供の教育はすべて妻任せ。重大問題だけは父が決し、伝える。家庭問題で斎藤が時間を取られることは皆無であった。

これほどまでの仕事本位に生きても、仕事に完了はない。突然の死ですべてが終わる。斎藤においてもそうであった。これで「幸福」な人生と呼べるのか。当然、そんな疑問が湧くだろう。斎藤はこう応えた。

What if I am happy in this world? I was nothing before I was born.　H.Saito（この世の中で私が幸福でなかったとしても、それが何であろう。生まれる前の私は無であったのだ。　斎藤秀三郎）

仕事本位の「わがまま」（マイ・ウェイ）のすさまじさと同時に、すばらしさを読み取ってほしいものだ。

ただ残念なのは大村喜吉『斎藤秀三郎伝　その生涯と業績』（吾妻書房　1960）は絶版である。古本も法外に高い。ただし多くの図書館にはある。斎藤兆史《よしふみ》『英語達人列伝』（中公新書　2000）に斎藤が少し詳しく紹介されている。

3　周恩来（1898〜1976）『周恩来秘録』　独裁者の標的になることを避け、晩節を全うし、「成功」し続けた国民的英雄

政治家の評価は難しい。蓋棺を終えても声価は容易に決まらない。そのなかでも評価が難しいのが周恩来だろう。その周こそ政治家の典型的な生態、生理を生き抜いた怪物である。学ぶ＝倣う必要はないが、知っておくべきだ。

本書は、かつて周恩来生涯研究小組組長等を務め、党中央の機密文書を読む立場にあったが、1989年の天安門事件以降、党批判に転じ、その後米国に事実上の亡命を果たした著者、高文謙（1953〜）の手になるものである。以下はわたしなりの要約と補足からなる。

1　不倒翁

「不倒翁」とは「おきあがりこぼ（う）し」（起上り小法師）のことで、達磨（だるま）大師がモデルである。「七転び八起き」、何度倒されても起き上がる不撓不屈の人を指す言葉で、最近ではチャイナの首相を長い間続けた周恩来の代名詞とされたが、周の場合は文字通り「倒れない人」だった。

チャイナ共産党は、政権を掌握する以前も、以降も、党内における主導権争いが激しく、そのリーダーたちの浮沈がまことにめまぐるしい。「正史」は、毛沢東が指導権を確立した1935年、周恩来が自己批判し、毛を唯一無比のトップ（＝君）とし

て仰ぐ忠実なメンバー（＝臣）になったと記している。

しかし「正史」とは激しい党内闘争、粛清等々の中で勝ち残った勝者である「国父」毛沢東をメインにした「歴史」である。トップが毛沢東で、セカンドが周恩来、サードが「文化大革命」で総書記のポストを追われて七三年に復活し、また追放され復活して、現在の「開放経済」の基を築いた鄧小平だろう。（倒されても起き上がる人という意味でなら、鄧小平が不倒翁にふさわしい。）

日本の敗戦後、チャイナでおこった国民党蔣介石政府と共産党との内戦に決着がついた一九四九年、チャイナ人民共和国（the People's Republic of China）が成立し、毛沢東が国家主席に、周恩来が首相（政務院総理）になった。その後、ロシア（ソ連）とチャイナ（中共）の対立、文化大革命、アメリカとチャイナの接近等々で、国家や党の実権が二転三転し、チャイナ共産党のほとんどの中心メンバーが粛清、失墜、自殺等でポストを追われた。しかし、周だけは一度もポストを失うことも、失墜することもなく、その死の1976年まで首相と外務相を務め、25年以上にわたって共産チャイナ政府の顔でいつづけた。まさに倒れない人である。

たしかに独裁者で、死ぬまでトップを譲らない人はいる。だがナンバー2あるいは3が同じ地位を保ち続けるのは至難の業だ。表面的には共産党と国家の顔であり続けた毛でさえ、1959年、餓死者数1000万人を出した「大躍進」の失敗によって、国家主席のポストを劉少奇に譲り、実質的にトップの座を明け渡している。対してその毛に終生忠実だったとされる周は首相の座に留まった。

2　「風見鶏」とは右顧左眄《うこさべん》の代名詞ではなく、風読みの名手毛は返り咲きを狙って、1966年、「文化大革命」に名をかりた党内闘争を開始する。青少年からなる「紅衛兵」を押し立てて「造反有理」の旗を振り、権力闘争をチャイナ全国を巻き込む内戦にまで拡大し、劉少奇国家主席をはじめとする党と国家の指導部を「実権派」＝「走資派」と名指して追い落とし、トップに返り咲いた。いってみれば、重役会議で名誉会長に棚上げされた元トップが、若手社員や株主に不満を焚きつけ、あるいはマスコミを扇動し、現経営陣を大衆団交やつるしあげ、ときには自宅襲来などによって攻撃し、追放したのだ。

このとき周恩来も当然攻撃に曝されるべき「実権派」の一人だった。ところが周は「文化大革命」の帰趨を素早く察知し、「実権派」批判の一人として立ち居振る舞い、ことなきをえた。この「文化大革命」という動乱は、チャイナの政治経済文化に大打撃を与え、国民の生活を疲労困憊させ、チャイナの歴史を20年間後戻りさせたといっていいだろう。

実権を再び握った毛は、紅衛兵と解放軍を指揮した第一功労者である林彪《りんぴょう》を、党の規約（憲法）を改正し、後継者であると明記する。だがナンバー2のポストほど危険なものはない。トップを脅かすからだ。1971年林は粛清される。「罪状」は毛暗殺を計画し、ソ連（共産ロシア）に内通したということだった。

1972年、劇的なニクソン（アメリカ大統領）と毛（チャイナ共産党主席）の握手が生まれた。これをお膳立てしたのが、キッシンジャー（米大統領特別補佐官）と周である。周はチャイナの国際孤立に楔を打ち込んだのだ。しかしこれが毛にとっては面白くない。

1973年、鄧小平が復活する。かつては文化大革命で批判と攻撃の最大の的になり、失脚したのが鄧だった。毛が鄧に期待したのはいまやナンバー2になった周を牽制することであり、周は国内と党内の「再建」、経済成長の流れを作る手腕を鄧に期待した。

こう見ると、周恩来はつねに権力闘争の風向きを読み違えなかった「風見鶏」であることがわかる。

風を読んで、大勢の向き具合を誤らない、これが風見鶏（風向計）だ。政治家として周が「不倒翁」と言われるのは、この風向きを見誤らない能力に長けていたからだ。

3　「晩節を汚さず」の一念が「成功」に導く

しかし「成功」し続けるためには、あるいは、死後もなお「成功」（功名）を維持できるのには、いま一つの要素を必須とする。

周はけっしてナンバー1にとって代わろうという言動を取らない。つねにトップを立て、面従腹背を厭わず、追随する。トップが入れ替わる可能性が生まれると、風向きに全神経を傾け、帰趨がはっきり読み切れるまで甲乙いずれかの態度を鮮明にしない。さらにいえば、凋落するトップとそのグループを可能なかぎり鞭打つような言動を取らず、勝ちを制した潮流に全身を預けることもまた控える。

だから周がつねに回避したのはナンバー2（後継者）のポストに就くことだった。周はいつも主流派にいる。しかしナンバー3あるいは4のポストにいて、ナンバー2には（毛沢東vs）劉少奇、（劉vs）鄧小平、（毛vs）林彪がいる。だから林の失墜後、周がナンバー2に押し出された時期が、その政治生命で最大ピンチを迎えたといっていいだろう。実際は、毛がまだ生きていたとはいえ、周は国内外ともにナンバー1と目されたこのとき、周がしゃしゃり出て、毛の標的の最中心にわが身を曝す「愚」を犯したら、あるいは「不倒翁」の代名詞をえることはなかっただろう。

周がとったのは、かつての総書記鄧を復権させて最高実力者の地位に、若い華国峰を毛の後継者に据えることで、「死の床」にあった毛が周を後継者に指名するという最大ピンチを凌ぐことだった。周恩来は「晩節を全うした」数少ない政治家の一人である。周の死の直後、鄧は再び失脚する。だが、間をおかず毛が亡くなり、周は「墓」を掘りかえされて「名誉」を汚されずに済むという幸運をもった。

ただし誤解しないでほしい。周が「不倒翁」でありえたのは、優れた組織遊泳術もさることながら、独裁者といえども周を抹消するには惜しいと思わせた、抜群の政治能力、政策立案とその実現力に長けていたからだ。この点を銘記したい。

チャイナではいまでも「国父」毛沢東のそばに周恩来が立つ。だが毛が倒れるときがあっても、周は立ち続けているのではあるまいか。

Ⅱ部　勉強のなかの読書

4　読書を勉強の真ん中におく理由

1　最初が難しい

なんでも最初が難しい。これはジュニア期も、シニア期も変わらない。インターンシップを知っているだろうか。就活の一つとして、会社訪問し、実務研修を受けることである。インターンとは、見習い、あるいは見習生のことである。見習いとは、見慣れということでもある。

一度も触ったりましてや投げたりしたことのない硬球ボールを、思い切って投げてみるといい。まったくボールが手に着かず、コントロールを失って、あらぬ方へ飛んでいってしまうだろう。教育実習で、はじめて授業を任されたとしよう。どうなるか。大半は、舞いあがってしまい、なにをどうやったのかわからないうちに授業が終わってしまうだろう。

ところがベテランの先生だけでなく、たった一年間授業をした経験だけの教師が、楽々と授業をこなしているのだ。最初の模擬授業で多くの実習生が自分の非力さ未熟さで打ちのめされるにちがいない。しかし、ほんとうのところは、楽々と授業をこなすのに、特別の能力を必要としないのである。「慣れ」なのだ。初めての経験だから、ノーコントロール、茫然自失状態に陥ってしまったのである。ジュニア期の経験は、シニア期にも生きる理由だ。

2　最初の困難をブレイクスルーする

「学校へ行く」は go to school で、建物としての「学校」に行くということでもあるが、本意は、学校で「授業」を受けるということなのだ。友達のいる、給食のある学校へ行くのは楽しいが、授業や試験のある学校は総じて楽しくない。

楽しい授業もあった。もうずいぶん昔になるが、高校の美術の時間である。一枚水彩画を描けば、あとはなにをしていようと、教師（非常勤の画家）は見過ごしてくれたからだ。わたしたちは、10分で描き終え、級友とすぐ近くの河原に下りていって、残りの時間をおしゃべり等で過ごしたものだ。単純にいうと、10分だけの強制、50分の自由があったから、楽しかったといっていい。

しかし、その他の授業は面白くなかった。60分すべて「強制」だったからだ。読むべきテキストが決まっていた。英語の時間、指名されたら音読したり、和訳しなければならなかった。まちがった発音はなおされ、とんちんかんな訳には失笑に叱責が続いた。数学では、解くべき問題が課せられたが、黒板の前で白墨を握りしめたまま、何度立ち往生したことだろう。

しかし、「君の英語はなまっている」とまことに執拗に、つまりは強制的に発音をなおされたからこそ、まがりなりにも英語発音コンプレックスから解放されたのである。立ち往生する恥ずかしさから逃れるために、多少は予習をしてゆく習慣が身についた。それに試験が課せられたから、授業時間も、自宅での復習も手抜きはできなかった。おまけに全校模擬試験の結果が、公表され、廊下に張り出された。

学校は始業前に行かなければならない。汽車通だったので六時台の汽車にいつも飛び乗っていた。授業は出なければならない。手ぶらじゃない。当たれば、テキストを読まなければならず、問題は解かなければならない。宿題を課せられたら、仕上げなければならない。試験は受けなければならない。受ける以上はビリでもいい、というわけにはゆかなかった。その結果が張り出される。スクール、すなわち、授業や試験は、否も応もなく、「強制」であった。課業（task: schoolwork）である。そのうえ、否も応もなく、「評価」がついて回った。

そしてこの「強制」があればこそ、小学生になるまで、「鷲田」という漢字を書くことができなかったぼんくらが、まがりなりにも10代のはじめに、無謀にも、ドストエフスキーの『罪と罰』に挑戦する気を起こしさえしたのである。

わたしだけでない。他の多くの級友たちも、学校での「強制」がなかりせば、自由にのびのびと育ったかもしれないが、野放図で無知な「大人」（man 人間）になったにちがいなかった。学校の効用はこの「強制」にこそある、それによって多くの子が「最初」の不慣れな知的困難を突破する（ブレイク・スルー）することができるのだ、できたのだ、と断じたい。

3　試験の効用

大学で哲学を教えてきた。40年以上になる。大学には、多くの科目があるが、哲学ほど試験になじまないものはないのではあるまいか。実際、夜学（二部）で教えていたとき、自分より年長者に、「先生より人生のことを知っている。その人間をテストするなんて無意味でしょう。」といわれた。暗に無試験で「優」をつけるべきだ、というようなのだ。

だがわたしは大学でこそ「試験」が必要だと考えてきた。なぜか。わたしが教えてきた大学のほとんどの学生は、「試験」をしないと、まったく勉強をしないのである。進級、卒業単位にかかわる試験があるから、多少ともいやいやながらでも勉強するのである。レポートを課すから、まがりなりにも調べたり、本を読まなければならない。

哲学にももちろん勉強が必要だ。

哲学は世界で最初の「学問」である。①その哲学を英語でなんというか。②そして、その原義はなにか。③さらに「学問」とは英語でなんというか。これらの問いは、知識の問題でもあるが、広くいえば、学問の意味と歴史を問う問題でもある。人生経験の長さで解くことの出来ない、答えることが不可能な問題なのだ。

哲学の最初の授業で、毎年、毎年、この問いを発し続けてきたが、「哲学と学問を英語でなんというか？」という問いにさえ、正解した学生はただ一人しかいなかった。

4　考える力　集中力の持続

なに、どんなにいい授業をしても、どんなに厳しい試験を課しても、大学で多少にかかわらず習い憶えたことは、卒業してしまえば、すべてすっからかんに忘れてしまうではないか、卒業以降の人生になんの痕跡も、さらには、益も与えない、と反問するかもしれない。然り、かつ、否、である。

然り。たしかに、大学で習い憶えたことを全部忘れ去っても、その後の人生を送ってゆくことができる。そして事実、多くの大卒者たちは、大学で学んだこととまったく関係のない仕事に就き、特段に不足なく人生を送っている。大学は就職のために、卒業証明書をもらうために行ったにすぎない。こういうことができる。事実、こういっている人が多い。

否。いま、大学で習い憶えたことを全部忘れ去ってしまったと仮定しよう。その場合、知識や問題解法が全部消えたとしても、その知識や解法をえようとして費やした勉強のエネルギーはどこへ行ったのだろうか。消えて無になったのだろうか。

「勉強」とは広くいえばトレーニング、訓練、練習、準備である。講義と演習、予習と復習、試験や実験という知的トレーニングによって、知識や技術を知るだけでなく、読解力や判断力、総じていえば考える力、思考力を養うのである。体育、知育、徳育というが、その根底にあって、これら三育を統合する力が、考える力（脳力）である。この考える力は卒業したら、雲散霧消するのだろうか。

同じ1500ccの排気量の車であっても、初期段階で、高速運転した車と、つねに街のなかを低速で走っているだけの車とでは、能力（出力 エネルギー）が大きく異なる。大学時代、知的エネルギーを振り絞ってきた人と、知的エネルギーをほとんど燃焼することなく終わった人とでは、考える出力が、知的能力がはっきり異なるのである。端的にいえば、集中力を持続する能力が異なる。結果、仕事力に断然違いが生じる。

5　読書はターボエンジン

大学も学校である。講義も試験も「強制」である。しかし、考える出力、集中力を持続する能力は、講義や試験だけでは、十分に育たない。中途半端に終わる。強制が基本であり、どうしても受け身に終始するからだ。強制の枠内でしか、物事に当たらないからだ。

学生時代、文学部だったので女子が過半を占めた。1学年75人中50人、そのほとんどが一流高校のトップクラスばかりである。入学試験だけでなく、大学4年間のどの教科の試験も女子が上位を独占した。ドイツ語や英語で満点を取る女傑もいた。しかし、4年生になって、優等生の女子と文学にしろ政治にしろ、あるいは人生上の問題にしろ、議論する気持ちが多少とも起きなかった。最も大きな原因は、文学部なのに、講義や演習以外の知的訓練、とりわけ書物（文字で書かれたもの＝リタラチャー）に向けるエネルギーに欠けていたからである。不遜な言い方になるが、話題に深く広く分け入って議論することが出来そうに思えなかったのである。

集中力を持続させる能力を増幅するのには、「与えられたもの」（強制物）を消化するだけではなく、自分で対象を見いだし、それに熱中する、自発性、能動性を必要とする。その能動性は、とりわけ読書を通じてえることができるのである。読書こそ、集中力を持続させる絶大な増力装置、ターボエンジン（和製英語　ターボチャージド・エンジン　turbocharged engine）である。

もっとも、ただたくさん本を読んだからといって集中力と持続力が増大するわけではない。しかし、読書には、その読解には、耳から聞いたり、目で見たりするものと異なって、特段の集中力と持続力を必要とする。漫然と読んでいたのでは、読書にならない。読解力、考える力は身につかない。知力の増強には役に立たない。なんであれ集中して読むことが重要なわけだ。

というわけで、ジュニア期の読書を再経験してみることを勧めるのだ。

5　専門のための読書

1　立志は、専門家

高校卒の半数以上が大学や専門学校に進む時代になった。経済学部を出たからといって、経済の専門知識や技術を活用できるような分野に就職し、仕事で経済学の知識や技術を活用するわけではない。それに大学のカリキュラム自体が、一人前の専門家《プロ》を育て上げるような仕組みにはできあがっていない。専門教育の充実が叫ばれているが、内実は東大であろうがわたしが教えてきた札幌大学であろうが、教養的専門を教えるので精一杯である。

しかし、経済学部に入ったのだ。経済の専門知識や技術を学ぼうではないか。大学の学部教育で教えないなら、自学自習、身を乗り出すようにして経済学の一分野（専門 specialty）でも身につけようではないか。専門家になって見せようではないか。少なくとも「卵」程度にはなって、大学院や実社会で、孵化しようではないか。「ビ・アンビシャス！」（Be ambitious!）、「立志」をと、強く念を押したい。けっして高望みではない。

国文学研究で、2年間、1つの分野を狭く深く猛烈にアタックしたら、指導教授をしのぐほどの1人のエキスパート（専門家）が生まれる、といわれる。問題なのは、残念ながら、独自の専門分野を開拓し、専門家として立とう、と志を立て、それにアタックするエネルギー（野望＝立志）を最初から断念していることにある。専門家になること、その分野でオンリーワンになることは、考えられているほど難しくない、といいたい。

ただし、1つの（狭い）分野で成功することが、考えられているよりも難しくないとはいっても、その分野をひたすら掘り進んでいったら、掘っても掘ってもつきることのないゆたかな鉱脈につき当たる保障はない。鉱脈が貧しい場合は、残念ながら撤退しなければならない。掘り方がまずい場合は、採掘（探求）方法を変えなければならない。そのためには、狭い分野に閉じこもっていては、前に進むことは難しい。専門分野をもっと広げるか、まったく違う視点や技能を導入するか、という違いはあるが、各専門分野を横断するような視点、考え方を導入したり、参照する必要がある。

2　越境＝専門をはみ出す

世界文明は地中海のどん詰まり、現在のシリア、古代バビロニアで発祥したといわれる。中国（東洋）史の泰斗、宮崎市定博士は、この地中海どん詰まり説を土台にして、古代日本の地中海である瀬戸内海のどん詰まりのヤマトにこそ、日本文明の発祥地があるとする説を立てた。一見すれば、たんなる符丁あわせのような見解に思える。そうだろうか。

宮崎博士によれば、瀬戸内海の最東端に位置するヤマト王朝は、宮崎（日向）から東に向かってヤマトに入った神武東征説ではなく、神武西征説になる。バビロニアから、エジプト、インド、チャイナ、あるいはギリシア、ローマにと文化が伝播したように、ヤマトから西に、東に文化が伝搬したことになる。比較文化史の視点に立てば、宮崎博士の見立ては、卓見ではなかろうか。

地形や地理的条件は、人間およびその集団の生存形態や統治形態に大きな影響を与える。あまり単純化するのは誤りだが、宮崎博士の比較文化史の視点は、地政学的視点、政治現象と地理的条件に密接な関係を認める視点ともつながる。

たしかに日本文明は、チャイナ大陸を通って朝鮮半島という回廊をたどり、日本海や東シナ海を渡って、日本にたどり着いたという系譜で見て間違いないだろう。同時に、日本に固有な文化、すなわち日本文明は、外来文化が九州に上陸し、瀬戸内海のどんづまりのヤマトに漂着・集積・蓄積され、発酵・熟成し、日本に固有な種になった、と見立てることができるのではあるまいか。

以上のことはあくまでもひとつの観点であり、仮説にすぎないが、多くの人を納得させるにたる因子をもっているのではあるまいか。

宮崎博士は、東洋史の専門に立て籠もるだけではなく、その成果をもって日本史研究にも数多くの卓見を披瀝した。あるいは逆に、日本史研究から東洋史研究を深化させるヒントや材料をえたというべきだろう。これはたんに自分の専門の拡張だけでなく、専門分野を踏み越えて、新しい領域に足を踏み入れた結果でもある。それがまた博士本来の研究領域の深化にもつながったということができる。専門に入りきらないほど、その学知的領域が広がりかつ深化したということである。

3　哲・史・文は必須科目

かつて文学部は哲史文、哲学・歴史学・文学の3学科からできていた。社会学や心理学は哲学のなかに含まれてきたのである。

しかしもっと大きくいえば、哲学とはその起源からいえば学問＝諸学科＝サイエンスイズ（sciences）の総称であった。もちろん、史学も文学も哲学に含まれた。ところが哲学から歴史学が、そして文学が分離独立していった。法学も、医学も、数学や自然学もどんどん成長し、独立していった。外見上、哲学はすってんてんになってしまったのである。

しかしひるがえっていえば、どんな学問をするにしても、哲学は必要である。哲学だけでなく、歴史学も文学も必要である。この3学科は、他の諸学問＝諸科学に対して特別な関係に立つといっていい。

哲学と歴史学と文学を知らないでは、学問をすることは出来ない、と断言するつもりはない。だが、どんな分野の学問や仕事に関係するにしろ、本格的に活動することができるには、哲学のない、歴史のない、文学のない知的活動では、およそ不可能というか、不毛であるといっていいだろう。えっと思われるかもしれない。驚くことはない。

哲学とは思考の技術である。歴史とは発見の技術である。文学とは表現の技術である。この意味では、哲学、歴史学、文学は、思考術であり、発見術であり、表現術である。つまるところ発見・表現術も思考術の一つなのだ。思考術、思考・発見・表現術のない学問＝科学は、科学の要件を満たしていない。これは社会学であるか自然学であるかにかかわりはない。

どんな分野でも、素晴らしい、一流の仕事をする人は、もちろん例外はあるにせよ、直接間接に哲史文にまったく触れた経験がなくても、自ずと同じことだが無意識に、思考・発見・表現術を駆使していることがよくわかる。「一芸を極めれば、万般に通じる」である。

4 「発見」と「独創」

哲学が思考術だというのは何となくわかる。文学が表現術だというのも了解可能だ。しかし歴史学が発見術だというのはどういう意味か。こういう疑問をすぐに抱かれるだろう。3つほどいおう。

1。「発見」とか「独創」とかいう。どんなに素晴らしい「発明」であると思えても、すでに似た・同じようなもの（同工異曲）がすでに存在したら、「発見」とか「独創」とは認められない。だから、発見とか独創であることを主張するためには、過去・現在にわたって、同種のものが存在するか否かを調べ、知っておかなければならない。これこそ歴史学が必須である理由である。

つまりどんな分野でも、その分野の歴史に通じていなければ、発見とか独創とかを主張できないのである。

2。同時に、どんな新発見でも、類似したものは過去の歴史のなかに見いだすことができる。

わたしが最も影響を受けた（といったら大げさになるが）書物に、谷沢永一『読書人の立場』（桜楓社　1977）がある。そこに、司馬遼太郎の魅力は「人間をつくづく観察することが面白くてたまらないという姿勢」であり、その「源流」として三宅雪嶺の「人間通」がある、とある。ごくごく短いエッセイだ。

司馬遼太郎の人間観察は、三宅雪嶺（他）に負っている。これほど鮮やかな発見をほとんど知らない。谷沢が明治期以降の人物論と政治評論の「歴史」を深く広く探索した結果、はじめてえることの出来た「発見」である。おそらく、司馬自身は、坂本竜馬や勝海舟、大村益次郎等の一筋縄ではゆかない桁外れな人間たちの把握を、意識的に三宅雪嶺に学んだかどうかは定かではないが、と断った上で、谷沢は、司馬の人間通は雪嶺の人間通を「源流」とする他ない、と強く言い添えている。

3。同時に確認しなければならないのは、司馬の人間通は、雪嶺の人間通を「源流」にするといえども、雪嶺の「剽窃」ではない。たんなるコピーを膨らませたのではない。歴史のなかに似たものをかならず発見できるが、歴史は同じことをけっして二度繰り返さない。司馬が三宅に学んだとしても、ヒントや材料であって、司馬の人間観察は、司馬に独特の「発見」である。

つまるところ「発見」とか「独創」ということの本意は、歴史に学びつつ、それを新しく造りかえてゆくということにある。これが「創造」の本筋で、歴史学が「発見」術であるという理由だ。

5　「術」＝「技術」＝アート

しかし哲学を思考術、歴史学を発見術、文学を表現術などというのは、いかにも浅薄ではないのか。自然科学的傾向に与しているのではないか。とりわけ「術」=「技術」などといってしまっては、法学や経済学ならまだしも、深遠な哲学や文学の身も蓋もありはしないじゃないか。こういう疑問を発する人は多いだろう。

たしかに「技術」をテクノロジー（technology）やテクニックス（technics）で表すときの感じは、だれでもマニュアル（手引き）通りに行えば実現可能なやりかた（ハウ・ツー）と受け取ることができる。

戦艦大和のプラモデルを一見すると、その複雑精巧さに驚かされる。同時に、手間と暇をかければ、手引き書通りにピースを組み合わせ、完成させることができるのがプラモデル仕様（way；method）なのである。これが技術の凄いところだ。

同時に大田区のある「金型」職人が豪語していた言葉を記憶にとどめてほしい。「ひと（他人）が造れる物は、造らない。」この職人は技術者である。同時に、他のだれもつくらない、造れないものを造るという意味では、創造者、ほとんど芸術家（artist）である。職人=技術者=芸術家の三位一体を体現しているひとである。しかしである。

確認してほしいのは、今日一般に「芸術」（art）といわれている言葉は、「技術」全般をさす言葉だったということだ。（もちろん、その使用法は今日でも立派に通用する。）金型「職人」（artisan　アルチザン）も「科学者」（サイエンティスト）も、「技術者」（テクノロジスト）も、以前ならば、たんにアーティストと呼ばれてきたのである。

①ハウ・ツー・シンキング（思考術）、②テクノロジー・オブ・シンキング（思考技術）、③アート・オブ・シンキング（思考法）と並べてみると、思考のやりかたに差異を見いだしたくなる。ごく平凡にいっても、①が初級＝単純、②中級＝熟練、③が上級＝秘術と分けたくなるだろう。実際そのように用いて、「ハウ・ツーもの」と軽蔑してもの申す人がいる。１９８０年代までもむしろ多数を占めていた。

だが、how-toも、technologyも、artも同じひとつながりの「技術」だと考えるべきではないだろうか。超ロングセラー梅棹忠夫『知的生産の技術』（岩波新書　１９６８）はこの意味で画期的な思考法の本だったが、「技術」ゆえに敬遠する人が多かったのである。

それでまず最初に、専門に進もうという人たちのための道案内となるべき哲・史・文の書物を紹介してみよう。引用文は難しくないが、中身が濃いので、熟読を奨める。

5．1　哲学

哲学はギリシアではじまった世界最初の学問である。それが今日まで連綿として続いてきた。ただしこれは西欧中心に考えた場合のことであって、ギリシア哲学の創始者プラトンより、チャイナ（哲学の創始者）の孔子のほうが早く生まれていることは知っておく必要がある。（それにこれも驚くべきことだが、プラトンの子孫は跡をたどることは出来ないが、孔子の子孫は現存するのである。当代は83代だそうだ。）

哲学を知りたい。その実相に1歩でも近づきたい。それで、プラトンやアリストテレス、あるいはデカルトやスピノザ、さらにはカントやヘーゲルの原著あるいは翻訳に直接取りかかろうとする勇猛心には感服する。だが、哲学研究者を目指し、哲学者として立とうという人は別としても、やはり無謀な試みといわなければならない。

かつて『哲学を知るとなにが変わるか』（講談社　１９９４年　のち講談社文庫）の序論で次のような文を書いた。

《哲学を知る、を読むための準備体操

1　哲学のイメージ転換を

△花の命は短くて

かつて、若者たちは、未知なるものへの希求、純粋なるのもへの憧憬をあらわに表現した。既成の現実への幻滅、汚濁と裏切りに対する怒りを、身体ごとぶつけた。しかし、若者に、憧憬や怒りはあっても、力がなかった。だから、思考の中で、彼らは未知なるものを、純粋なるものを追い求めるほかなかった。稀に、現実への抗議表明として、命を断つものも現れた。花の命は短くて、苦るしきことのみおおかりき、である。

この若者たちが抱いた思考や感情の総体を、「哲学」という言葉であらわせば、ぴったりする。

このような青春的哲学イメージを、振りすててみようではないか。

△古酒の香り

若者の純粋さは、新酒の、ヌーボのものだ。甘いが、浅い。硬いが、脆い。

本物の純粋さは、十分な年月をかけて、じょじょに漉した末に残るエキスのことだ。

界に参入できる。

スピリットでだが、芳醇で、複雑かつ強靭だ。だから、若者には、無理なのだ。涙の谷を渡りきり、おのが身に年月の刻みを入れえたものだけが、透明な思考の世界に参入できる。

修練を積み終えたもののみが獲得できる熟達の思考の境地の総体を、「哲学」という言葉で表現すると、何とまあぴったりゆくではないか。

このような老境的哲学イメージを脱してみようではないか。

△清貧の思想

金と名誉と権力とセックスに狂った過剰な欲望の世界に、人間の生きる本当の世界はない。それは野獣たちの世界なのだ。

おのれを律して、清く、正しく、そして貧しく生きる中にこそ、人間の素晴らしい精神の発揚はある。自然と共生し、欲望を過小に、思考を豊かに生きるとき、人生は新たな輝きをます。

「哲学」とは、超俗の精神が住む庵の主の思考にぴったりではないか。

このような清貧的哲学イメージを脱ぎすててみよう。

△人間の本性にふさわしい思考

哲学者たちの多くは、きそって、人間の「本性＝自然」に適合しない思考を求め、かつ、強要してきたように思える。だから、その論理と体系が、あるいは、機知と諧誰が、どんなに素晴らしいものに見えても、よく理解され、身につくというのからは程遠かったのも、当然である。

もっとも、人間の「本性」とは、単純明白なものではない。というのも、人間の「本性」といわれるものは、「壊れた自然」「過剰な自然」としか呼びようのないものだからだ。つまり、「自然」を超えた「自然」なのだ。

でも、面白いことに、哲学の歴史、思考の歴史をかいま見ると、思考者たちが、試行錯誤を重ねながらも、人間の「本性」とは何かを、議論の中心に置いていたことが、よく分かる。

本書で私が目指す第一は、哲学イメージの転換をはかる思考の営み、を読むことだ。

2　哲学の経済学

△哲学は論理だ

経済とは、最も低いコストで、最も大きな利益をあげる行為である。最大の公準は、「効率性」である。

思考の経済とは、したがって、最も効率よく考えることである。論理的に考える、あるいは、単に論理、といっても同じだ。

一見すれば、難解に見える哲学も、他の諸科学と同じように、思考の技術化、論理化をつねにはかって懸命に務めてきたのである。思考の効率化である。

思考の最短距離をいこうとした哲学者たちは、だから、つねに、「イデア」（理念）とか「定義」とかを正面に掲げるのである。プラトンの「イデア」、デカルトの「思考」と「延長」、マルクスの「商品」のように、最も単純で、明白な出発点から、はじめるのである。

△哲学は回り道だ

哲学は、思考の最短距離をいこうとする。しかし、それは、それが最良のいき方だからではない。最短距離は、図面上のものである。アイデア（理念＝着想）であり、プランなのだ。これがなくては、歩けない。めどが立たない。

しかし、森には森の道がある。一人一人が歩いてみなければ、判別できない。歩いてみて、はじめて、「道」らしきものが出来るのだ。出発点と到達点が同じでも、だから、無数の道があるのだ。最短距離を歩むことの出来る人は、稀である。同時に、垂直の絶壁を登るようなもので、危ないのだ。

哲学は、誰が歩んでも、到達点にたどり着くことの出来る道を用意しようとする。安易な道、という意味ではない。時間がかかる、配慮心に満ちてはいるが、厄介な道なのだ。

だから、回り道を好まない人は、ちょっと哲学的思考に向いていない、と思ってもらっていいだろう。もともと、論理とは、大理石の割れ目に沿って鑿《のみ》を進めるの意味である。「理」とは、自然石の割れ目に他ならない。人間の「自然＝本性」の縫い目に沿って思考を進めるのが、回り道の本意である。

△解答のでない問題を考える

問題には、かならず解答がある。出口のない困難はない。これは間違いではない。しかし同時に、同じ解答ではあっても、終極の解決にいたる解答でないもので、この世は満ちている。あるいは、「根本的」な解決を考えることは出来るが、そのような解決を現実化することが出来ない事例に満ちている。「愛情」という問題に、最終的な解答（定義）を求めることは出来ない。しかし、私たちは、「愛情」などということを考えるのは、無駄であり、無理だ、と投げ捨てておけないのである。

哲学は、むしろ、解答のでない問題こそ、人間にとって、おろそかにすることの出来ない問題だとして、無理を承知、無駄を見込んで、よく考えようとするのである。

本書が目指す、第二の、しかし最大の課題は、この哲学的思考の道のジグザグを読み取りながら、自分の思考の道を発見する手掛かりを示唆することである。

3　よく生きるための準備体操

△未来に生きる人

哲学は、可憐な乙女や、神経質な青年、冬枯れの老人の持ち物ではない。

未来を、野太く生きようとする人にとって最適なのだ。世界を変え、自分を改造しようという精神にぴったりなのだ。

もっとも、未来に生きようとするためには、過去現在の最大遺産を摂取することに、常に心配りしなければならない。過去の一切を、現在未来への贈り物として、活用しなければばならない。

哲学は、最も古い人間の知の宝庫である。その古さは、しかも、高速で、現代に蘇る変身願望に満ちているのだ。だから、最新の思考といえども、何度目かの衣裳直し、仕立て直しで、舞台に出る演者とよく似ているのだ。

△過剰に生きる人

哲学は、貧血症のダイエット志向から、もっとも遠い。

哲学は、聖堂のなかで、瞑想に耽る営みから脱して、人々が大声で行き交う「市場」のなかでこそ、いきいきと生き抜くことが出来る。どこまでもポップなのだ。

人間の生命力は、なによりも、過剰を好む。豊穣で、猥雑で、好奇心に富んでいる。この生命力にぱしっとはまっているのが、哲学なのだ。「人間的な、余りに人間的な」

とは、この生命の過剰を正面に掲げて生きようとすることと、同じである。
だから、可能なかぎり、人は、思考においても、希念においても、あるいは、感情においてさえ、過剰で生きたいものだ。哲学的に生き抜く、ということだ。

△十分に人生を消化しようとする人

未来と過剰さばかりが、哲学の本領土ではない。
人は、若いだけでも、エネルギーに満ちているだけでも、十分ではない。自分が蓄積したもの、自分が人生で研鑽を積んだ残り物を、十分に消化することこそが大切なのだ。

私たちは、息せききって人生の坂道を駆け登る。でも、どんなに高く登ったところで、人生は、通常のところ、圧倒的に下り坂が多いのである。

他に世界にエネルギー補給を求めるよりも、自分の内部に蓄積したものを、上手に使って、この下り坂をゆっくりと降りてゆく技術こそ、私たちが必要としている哲学という知恵なのだ。あえて、惰性で生きる、といってみたい。

このような生き方は、盛りを過ぎた人にのみにふさわしいと思ってはならない。最もエネルギーに満ちたとき、人は、もっとも多く、内部蓄積と内部燃焼を繰り返しているからである。登りつつ降りているのである。

本書の第三の目標は、哲学の営みを読むことによって、未来と過剰と惰性で生きる人への、ささやかな道案内役を演じることである。

4　手ぶらでゆこう

でも、本当のところ、哲学には、どんな準備もいらない、と断言してみたい。目的さえない、というところにアクセントをつけてみたい。

哲学の最強の力は、森羅万象、魑魅魍魎、千差万別、甲乙丙丁、ありとあらゆるものを、暇つぶしの対象として無化する能力である。しゃぶり尽くす悪食である。哲学を読むことの効用は、このことに尽きる、ということを端から断言してしまったら、でも、面白みが半減するだろう。種明かしになってしまうだろう。

それで、ごくつつましく、手ぶらで、というにとどめよう。むろん、本書も、出だしはいくぶんよろよろと、惑いの表情を見せて、はじまることになる。

もっとも、最初は、何事につけ、ちょっと難しい。読者の皆さんの足元も暗いだろう。でも、少したてば、目も思考もなれるものだ。その少しの間を埋めるべく、あえて、前説のようなものをつけてみた。お囃子である。このお囃子にのせて、最後まで退屈させずに皆さんをお連れ出来たら、幸いである。》

この本で、わたし鷲田は、自分の経験を踏まえて、「学校の哲学」とは異なる、しかし「学校の哲学」と通底する「哲学」を意を尽くして語ろうとした。絶版だが、もし必要ならデジタル版で提供することができる。

5．2　歴史学

日本の戦後教育で最も軽視されたのが「歴史」である。歴史に関心をもち、歴史に聞き耳を立てる態度である。

哲学も文学も、経済学も、美術も、物理学、数学、医学、その他ありとあらゆる学（問）は、「歴史」抜きには語れない。語ったとしたら、饅頭《まんじゅう》の皮である。中身がない。独断であり、虚言だと思っていい。

しかも、戦後教育のなかでもっぱら語られてきた「歴史」がおかしいのである。歴史のなんたるかにすこしも注意を払うことなく、「歴史」がすでにあり、その歴史事実が縷々語られてきた。

そんな中で、大胆不敵ともいえる、しかし細心注意を払った歴史学者が現れた。日本初の、私見では、世界初のまっとうな歴史家、岡田英弘（１９３１〜）である。岡田著『日本史の誕生』（弓立社　１９９４年）の序章を引こう。一読するだけで、驚愕し、眉に唾をするであろう。だがまっとうなのだ。

《序章　日本の歴史をどう見るか

1　世界史の一部分としての日本史

△歴史とは何か

日本の歴史は、あたりまえのことだが、世界史の一部分として書かれなければならない。ところが、このあたりまえのことが、なかなかうまくゆかない。

うまくゆかない原因をつきつめて言えば、第一に、これまでの日本史が日本だけの歴史であって、日本列島の外の世界とはなんの関連もなしにできあがっていること、第二に、本物の世界史と呼べるようなものがまだなくて、中国史と西ヨーロッパ史という、もともと水と油の別物を、無理矢理つき混ぜただけのものだからである。

歴史は、人間が世界を見る見方を、言葉で表現したものである。世界の見方にもいろいろあるが、歴史は、人間の感覚に現在映る世界だけが世界ではなく、もう感覚に映らなくなった過去の世界も世界であるとする見方なのである。だから、歴史は、なによりもまず、過去の歴史はこうだったのであり、その結果、現在の歴史はこうなっているのだという、書く人の主張の表現なのである。歴史はけっして、たんなる事実の記録ではなく、何らかの立場を正当化するために書くのである。

△最初の史書が国の性格を決める

書かれた歴史にはそれぞれの立場があり、主張があるが、どの文明でも、最初に書かれた歴史には、その文明の性格を決定してしまい、自分たちはどういう人間だというイメージを固定してしまう力がある。

日本で最初に書かれた歴史は『日本書紀』だが、これは六六〇年代に始まった日本建国事業の一環として、天武天皇によって着手され、七二〇年に完成したものである。『日本書紀』は、日本の建国を正当化するために書かれたものだから、その内容は、日本国という統一国家には古い伝統があり、紀元前七世紀という早い時代に、中国とも韓半島とも関係なしに、まったく独自に日本列島を領土として成立し、それ以降、つねに万世一系の日本天皇によって統治されてきたのだという立場をとっている。

この『日本書紀』の主張は、中国や韓半島の文献とかみ合わないので、事実に反していると考えることでは、現代の歴史家は一致しているのだが、それでも『日本書紀』の枠組みの影響を逃れることは難しい。何しろ、七世紀以前の日本の政治史の材料は、土着のものとしては『日本書紀』しかない。『古事記』というものはあるが、後で詳しく述べるように、これは九世紀の平安朝初期の偽作であり、その枠組みは『日本書紀』そのままなので、『日本書紀』と『古事記』をつき合わせても、『日本書紀』の主張の壁を乗り越えることには役立たない。やはり、『日本書紀』が反映している、七世紀の建国当時の政治情勢を考慮に入れながら、その一つ一つの記事の価値を判断して、利用するしか方法はない。

これが史料批判というもので、歴史学の正統な手法であるが、日本史しか知らない歴史家は、どうしても『日本書紀』の枠組みに引きずられがちである。『日本書紀』の枠組みから自由になるには、中国史と韓半島史の十分な知識が必要である。

ところが、ここにも困難がある。中国でも韓半島でも、土着の歴史書が主張することを、そのまま事実として受けとるのは危険である。それらの歴史書は、歴史である以上、中国なり韓半島なりが、それぞれ独自の起源をもつ、統一国家たるべき宿命を持った文明であることを主張するために書いたものだからである。そういう主張をもった歴史書を材料として研究する、中国史なり韓半島史なりの専門家の考え方は、どうしてもその歴史書の枠組みに支配されやすい。

こうして「定説」といわれるものが生まれ、「周知の事実」として歴史教科書や歴史辞典に記載されることになる。そうした定説は、ほとんどが十分な検証もなしに流通しているもので、定説ならまず疑ってかかるほうが安全である。》

このあとなお「△中国の起源」「△韓国の起源」と続き、節をあらためて、うにいわれる。

2　考古学・民俗学は歴史学の代用にはならない

「△考古学」「△言語学・民俗学」「△神話・イデオロギー」と進み、最終項で次のように いわれる。

《△材料は中国の正史と『日本書紀』

日本建国以前の筋の通った歴史を書こうと思えば、主な材料は、やはり『史記』に始まる中国の正史と、『日本書紀』しかない。他の材料はすべて補助の材料である。しかしその場合、こうした史料の片言隻句をとらえて奔放な空想に馳せるのでは、筋の通った歴史にはならない。どんな史料にも、それから引き出せる情報の限度がある。また、後世から見て重要な事柄でも、当時の人の注意にのぼらず、記録に残らなかった事柄も多いだろう。歴史には、こうした限界がある。それを承知のうえで、利用できる史料を利用して、現在の世界の奥にかつてあった世界を描き出すのが、歴史というものである。

日本列島に正当な位置を与えた世界史を書こうと思えば、日本の国史、韓半島の国史、中国の国史という枠組みをのりこえて、ユーラシア大陸と日本列島に共通な視点から書くしか方法はない。そうした視点は、当然ながら、現代のいずれの国家の利害にも、国民感情にもおもねったものであってはならない。現代の国家とか国民という概念は、たかだか十八世紀までしか遡れない、起源の新しいものだから、十八世紀以前と現代を一貫する歴史叙述には不向きである。

本物の世界史を書こうとする歴史家がとるべき立場は、あらゆる目前の利害や理想や感情を排除して、論理だけをとことんつきつめて史料を解釈し、総合するという立場である。歴史をこうした立場から書けば、その歴史は、歴史家の個人的な意見を超えて、誰にでも受け入れられる可能性をもった「真実」になりうるのである。日本の歴史はそうあるべきである。》

なんとまあ、高い志だろうか。しかしまっとうな歴史家の、さらには哲学者の、そして作家の態度だろう。これを読んだのはいまから一〇数年ほど前だが、若いとき、とりわけ学生時代に読んでおれば、わたしの歩みももう少しまともなものになったにちがいない、と思えたのである。学生諸君にかぎらず、わたし同様のシニアにこそ、とくに奨める理由でもある。

作者の岡田氏は、一九三一年生まれで、東洋史、とくにモンゴル史を専攻し、世界史のなかの日本史を書こうと「立志」し、実現すべく、独力（ただし同じ歴史家で弟子かつ妻である宮脇淳子と共同）で、一作ごとに瞠目させるにたる著作を発表してきた。

『倭国』（中公新書　1977年）
『中国の英傑　チンギス・ハーン―将に将たるの戦略』（集英社　1986年／朝

日文庫）
『世界史の誕生　モンゴルの発展と伝統』（ちくまライブラリー　1992年／ちくま文庫）
『日本史の誕生　1300年前の外圧が日本を作った』（弓立社　1994年／ちくま文庫）
『台湾の命運　最も親日的な隣国』（弓立社　1996年）
『現代中国と日本』（新書館　1998年／『厄介な隣人、中国人』ワック　2008年）
『歴史とはなにか』（文春新書　2001年）
『歴史の読み方　日本史と世界史を統一する』（弓立社　2001年／『日本人のための歴史学』ワック　2007年）
『モンゴル帝国の興亡』（ちくま新書　2001年）
『中国文明の歴史』（講談社現代新書　2004年）
『だれが中国をつくったか　負け惜しみの歴史観』（PHP新書　2005年）
『モンゴル帝国から大清帝国へ』（藤原書店　2010年）
　等の問題作をつぎつぎと刊行してきた。そして2013年から『岡田英弘著作集』（藤原書店　全8巻）が刊行され出す。どれも目の覚める心地がする。しかも読みやすいのである。学問への情熱に満ちているのだ。一読かつ熟読あれ。

5.3 文学

経済学部に入った。金融関係に就職することが望みだ。文学なんて無縁でいいのだ。こう思っている人が多いのではないだろうか。

しかし問うてみるがいい。日本経済が落ち目になったのは、ビジネス魂、サービス精神、国民感情の大本にある人間理解眼と人間関係観察眼が澱んできたからではないだろうか、と。当今の日本人の「品格」が落ちたからだ、と、考えるのはわたしばかりではないだろう。

司馬遼太郎は世界の国々を訪れるとき、その国の国民感情を最もよく表現する文学作品をまず読むことにしている、と記している。アメリカではマーガレット・ミッチェル『風と共に去りぬ』等であり、アイルランドではジェームズ・ジョイスの大作『ユリシーズ』は難しすぎるが、その解説本（評論）を愉しむという具合である。もしジョイスがアイルランドに生まれていなければ、『ユリシーズ』などという傑作を書くことはなかっただろうとまでいうのだ。つまりは難解をもってなるジョイスの作品が、アイルランドの国民感情をもとにしているといいたいわけだろう。

ただし、文学を理解するためには、小説や詩を堪能すればいいじゃないか。こう考えている人が多いだろう。たしかに、学生時代、文学概論とか文学史の講義を聴いたが、教師の私情ならまだしも、作品のおざなりな梗概と解説を聞かされるのみで、うんざりしたことを憶えている。

1　飽くなき「表現欲」の結晶

文学は表現をことととするといった。ここに開高健「越前ガニ」の一節がある。まず醜面の魚はうまい、に目をとめてほしい。

《小生の深夜におけるひそかな回想と瞑想が教えるところによると、神は、とまではいわないにしても、自然は、醜い生きものに美しい肉をあたえようとしているかに思える。これを魚について眺めてみると、どうだろうか。たとえばライギョはギャング面で鰓《えら》に寄生虫を持っていてうっかり食べると病気になったり、イボができたりするけれど、煮るなり焼くなり、適切に処理したその肉は白くて豊満である。ナマズもまたみんなに気味わるがられるけれど、これをブツ切りにして鍋にほりこんだ「ズー鍋」や蒲焼きというものはなかなかによろしいのである。スッポンも妙な顔をしているけれどその肉と卵とスープについてはコトバがくちびるにでるよりさきにノドへすべってしまう。アンコウ、オコゼ、フグ、カジカ（海の。北海道の）、イカ、タコ、ナマコ、ウニ、かぞえてゆくと、思い当たると同時にツバがわいてくる連中ばかりで、そちらに興味をそそられていると、まともな顔のよりもヘンな顔のほうが海には多いではないかと思えてくるほどである。醜怪凶暴の極に達したかと思えるのにあのウツボがあるけれど、これも蒲焼きにしてみるとウナギよりはるかにコクがあるうえしこしこした歯ざわりもたのしめてうまいものなのである。磯釣り師は外道がきたといってウツボが釣れるとハンマーで頭を粉砕して捨ててしまうけれど、私にいわせると食味はイシダイのそれよりよほどいい。》

そして海のエビ、カニ、川のエビ、カニと進んで、「越前カニ」に話がおよぶ。

《雄のカニは足を食べるが、雌のほうは甲羅の中身を食べる。それはさながら海の宝石箱である。丹念にほぐしていくと、赤くてモチモチしたのや、白くてベロベロしたのや、暗赤色の卵や、緑色の「味噌」や、なおあれがあり、なおこれがある。これをどんぶり鉢でやってごランなさい。モチモチやベロベロをひとくちやるたびに辛口をひとくちやるのである。脆美、繊鋭、豊満、精緻。この雌が雄にくらべるとバカみたいに値が安いのはどういうわけかと怪しみ、かつ、よろこびたくなる。きっと雄は姿のいいところを買われてあの高値を呼ぶのだが、私にいわせると雌のほうがはるかに広大で起伏に富んだ味を持っているのである。これも料亭で出されるみたいに小鉢でチビチビやっていたのでは部分も全容もわからないけれど、どんぶりに大盛りにしてガブッとやると、一挙に本質が姿をあらわすのである。磯ぎわの漁師宿の二階で、コタツに入って背を丸め、窓へ打ってかかってくる波しぶきを眺め、暗澹たる冬の日本海とわが心のうちをのぞきこみながら……

「ええなあ、それはなあ……」

水上勉氏は嘆息をつき

「好きな女子《おなご》といっしょにな」

とつぶやいたり、長い長い沈黙におちいっていった。》

2　淡泊のなかに生きる一箇所の凝縮

ＴＶでよく見かける食通をもって任じるタレントの「○×は海の宝石箱だ」は、苦心の末たどり着いた開高独自の表現の剽窃である、と断じてみたくなりもする。開高の表現を通して食にありつくのとそうでないのとでは、段違いなことがわかるだろう。

開高は語彙の豊かさ、表現の豊穣さでなった作家の一人である。しかし「越前ガニ」を取り上げ「飽くなき『表現欲』の結晶」と評する谷沢永一は、次のように記す。

《食味の表現にあって心すべきは詳しすぎないことである。世のいわゆる食通の談義が敬遠されるのは、要点を押さえずに冗漫にわたり、聞くものをうんざりさせる傾きがあるからであろう。実際に食べていない食品については、当の食材をほのかに想像させるだけでよい。いくら真実であっても、押しつけがましいのはいけない。
「越前ガニ」一篇は開高が全力を挙げて取りかかった力作であるが、仕上がりは思いの外淡泊に切り上げてしまう。》

　座についてすぐ料理が出てくるようでは味気ない。前講釈で気分が乗ったら、調味料の小道具で食味を際だたせる。そして食べ方の工夫である。ここまでが第一ラウンドである。そして（醜い）雌ガニの豊饒味を存分に味わい、姿のいい雄ガニに転じる。開高がたどり着いた結論は、「無味の味」であった、と谷沢は記し、次の開高の一節を引き、「描写の中心は一箇所に凝縮して決め手とする」と評する。

《殻をパチンと割ると、白い豊満な肉《しし》置きの長い腿があらわれる。淡赤色の霜降りになっていて、そこにほのかに甘い脂と海の冷めたい果汁がこぼれそうになっている。それをお箸でズイーッとこそぎ、むっくり起き上がってくるのをどんぶり鉢へ落とす。そう。どんぶり鉢である。食べたくて食べたくてウズウズしてくるのを生ツバ呑んでこらえ、一本また一本と落としていく。やがてどんぶり鉢いっぱいになる。そこですわりなおすのである。そこでお箸をいっぱいに開き、ムズとつっこみ

「アア」

　と口を開けて頬ばり

「ウン」

といって口を閉じる。
雄のカニは足を食べるが、雌のほうは甲羅の中身を食べる。それはさながら海の宝石箱である。》

3　探求心の賜物

しかし開高は生まれつきの食通でも、食味の表現者でもなかった。谷沢のいうように、およそその逆であった。

《若いころの開高は、食べ物についてとやかく言える境遇ではなかった。お互い最もひどい時代の波をくぐっている。彼は中年以後、端倪すべからざる食通になったが、それは誰に仕込まれたわけではなく、持ち前の探求心でひとつひとつ身につけていった独学である。食欲が旺盛であるという基盤のうえに、レパートリーを増やしたいという願望がある。東南アジアでは日本人なら驚倒するはずの、相当なイカモノを片っ端から試食したらしい。

彼はその一部始終を熱心に語り聞かせた。彼の場合は料理を賞味するだけでなく、その味わいはもちろん姿かたちの特徴まで、すべてをいかに表現すべきか、常に工夫が渦巻いている。それだけではおさまらず、あらかじめ私にとっくり聞かせ、その反応を参考に修正を重ねるのであった。》（『大人の国語』　ＰＨＰ研究所　２００３年）

どうです。文学がこととする表現力の錬磨の重要性に納得されるだろうか。サービス業について、千差万別の客との応対を必要とするのに、一片のマニュアルを通り一遍に反復するだけの心構えでは、「成功」のおぼつかないこと、了解されるだろう。

もちろん表現力の錬磨は、実地に体験してみることによっても多少は前に進むことも可能だが、その表現力を駆使してなった作品を読み、味読し、体得する以外に手はない、といってみたい。開高健にしてそうであった。

6　教養のための読書

1　教養は「大人」の要件

「教養」とはカルチャー（culture）のことである。文化であり、教育（たとえば体育 physical culture）であり、訓練（トレーニング）である。平たくいえば、未熟な幼体を脱して洗練された成体になるために必要な基本要素のことだ。人間でいえば、子どもが大人になるために必須な訓練であり、教化であり、その成果である。シニアには「教養」が当然のこと要求される。

したがって高校までの学校教育も「教養」の一つであるが、その本格化は大学教育が担うといっていい。大人になるための要件を満たす「教養」が含まれていない大学教育は、目的を逸脱しており、不毛である。

しかし同時に指摘されなければならない。

従来、「教養」部で独立に行われてきた教養教育（リベラルアーツ liberal arts）の中身のほとんどは、「専門」の薄まったものである。まったく教養教育の名に値しない。また現在「専門教育」の名で行われているほとんどは、これまた専門教育の薄まったもので、専門教育の名に値しないといっていい。

カルチャーをもたない人間とは、外貌がどんなに大人であっても、「半」人間である。自立した人間として生きてゆくだけの知力、徳力、体力を持っていないといわざるをえない。

大学で大人になるために必要な教養を与えてくれないといって嘆く必要はない。もともと旧制大学であろうが、新制大学であろうが、教養ある教師は稀であり、教養を教える能力を持った教師はほとんどいなかったと見て間違いないからだ。

じゃあどうするか。自前で身につける他ない。身につける知的トレーニングを欠くと、自分で判断し、自分の力で道を切り開いてゆくことの出来ない、「指示待ち」人間になってしまう。これって、怖ろしいことじゃないだろうか。

2　教養は自学自習である

カルチャーの動詞形、カルティベイト（cultivate）は「耕す」の意である。すべて必要なものが与えられてあるエデンの園（楽園）を追われたアダムとイブが、耕し紡いで、自力で自分たちの生存を維持しなければならなくなった。労働を課せられたのである。

人間を耕すのが「教化」＝「教育」である。大学には残念ながらというべきか、当然というべきか、大人になるために必要な教養を専門に教える教師はほとんどいない。

大学教師は専門教育をするための能力を養成されてきたとはいえるが、教養を専門に教えるための能力を要求されてこなかったし、養成されていないのだ。

では「教養」とはいかなるものか。むずかしいことをいおうとしているのではない。教養とは、人間がその時代をよりよく生きるために必要な、共通の知識と技術の総体というほどの意味だ。平たくいえば、すべての人がよく生きるために必要な「常識」(ボン・サンス)である。だから、専門の基礎部門でも、専門に従属するものでもない。言葉を継げば、教養とは、いまだ人間でないものが人間になるために必要な知識と技術の習得である。これを大学時代に可能な限り自前で獲得しなければならない。やりがいがあるじゃないか。

3　現代は教養の時代だ

現代は高度知識・技術社会である。しかもその知識や技術は、一度身につけたら一生使っても目減りしないものではない。まったく逆で、高度な知識や技術が高速に変化して行く社会なのである。昨日までの知識や技術が古くなって使用に耐えなくなった事例(ケース)をわたしたちは目前で何度も何度も目撃している。たとえば「社会主義」であり、たとえば日進月歩に変わってきた「パソコン」や「ケイタイ」である。

とはいえ、1960年代までの社会の「教養」には、今日でもなんら変わりなく通用するものがある。しかし、一生使っても目べりのしなかった知識や技術が１９７０年を境に激変した。教養が高度になっただけでなく、高速で変化する時代になったのである。

現在のシニアにとくにいいたい。若い時期に一度身につけた教養を頑固に後生大事に保つだけでは、時代に取り残される結果になるのだ。時代の変化のテンポに合わせ、つねに新人の気持ちで生きて行く必要が生まれた、と。

４　教養の大本は変わらない

以上を確認したうえで強調したいのは、新しいものは古いものを土台にした「更新」であり、「新生」である。教養の基本は、あくまでも人類が残した過去の遺産を継承して行く「歴史」と「伝統」を重視することにある。いたずらに新規なものを追い求めても、その場かぎりで泡のように消えて行くものに翻弄され、教養はいっこうに身につかないということだ。たとえば、人間の変わらない「本性」（nature）を知ろうと思えば、いまから２５００年前を生きた孔子の『論語』を繙《ひもと》くにしくはない。人間の内奥に棲まう暗くて冷徹な性格を見極めようと思うなら、ラ・ロシュフコーの『箴言集』を読むべきだろう。

では「古典」を読むことを推奨しているのか。そんなことはない。現代人、とくに大学生の知的欲求や感性に訴えるには、古い時代の古い表現をもつ作品ではまったく不十分である。現代人の知性と感性に適う作品でなくてはならない。

しかし抽象論はこれくらいにして、現代学生気質にあった、さらにはシニアにもかなう作品を基本に、教養のための読書にふさわしい作品を紹介しよう。

6．1　時代小説のすすめ

1　時代小説は教養の宝庫

最初に紹介したいのは時代小説である。ゲッ、と思われる人もいるだろう。「時代」とは「古い時代」のことだからである。たんなる「娯楽」（エンタティメント　気晴らし）ではないか。「大衆小説」とは、読むのに知識も努力も必要ない、読んでも知識も技術も身につかない雑書である、という理由からだ。

しかし一度だまされたと思って、山本周五郎の『小説 日本婦道記』や『樅ノ木は残った』を読んでみるといい。その内容も、その表現力も、したがって読者に迫る訴求力も、他の日本文学はおろか、世界のすぐれた文学にもけっして引けを取らないことがわかるだろう。『日本婦道記』はまさに女性版『論語』の小説化と呼ぶべきものである。古くても廃れない、つまりは永続的な人間性の探究書である。『樅ノ木は残った』は、自国を救うために、味方を欺き、敵を欺き、おのれ一人を稀代の悪役に仕立て上げて、死地に赴く政治人間の極北を描いた、政治小説の傑作である。

時代小説は教養の、とりわけ人間性の宝庫である。極言に聞こえるかもしれないが、一人前の人間になるために必要なものは、時代小説を読みさえすればほとんど身につく、とわたしは思っている。

2　時代小説で体力をつけよう

子どもと大人の違いを端的に表す指標は「体力」である。体力をつけるためにはトレーニングが必要だ。試行（トライアル）とともに実行（プラクティス）も必要だ。そうでなければ、体はでかいが骨が脆く筋力のない軟弱人間ができあがる。幅跳びをすれば骨折する。けあがりができない。

いうまでもないが、知力も体力の一つである。高校までの教科書のように、短文をちまちまと読むだけでは強い知力はつかない。10分間、集中を持続するのでやっという軟弱脳力の人間ができあがる。

時代小説は総じて長い。司馬遼太郎の『竜馬がゆく』は文庫本で全8巻、1巻平均400ページである。主役が面白い。ストーリーが秀逸だ。田舎の下士の次男坊に生まれた、ぼんくらで棒振りだけが得意の竜馬が、脱藩する。ようやく28歳で立起して、旧政治体制を変えるために、対立する2強国の連合を図り、日本を改造する政治プランを出し、そのことで33歳で暗殺される、という幕末を舞台にした物語である。

この全8巻を読み切るのには相当の時間が必要だ。丸一日、寝る時間を削るようにして読んでも、1週間はかかる。マラソンである。読み切ったら、ふらふらだろう。

しかし、多少とも知的体力に自信がつく。勢い込んで、司馬の『国盗り物語』（全4巻）、そして『花神』（全2巻）に進むと、おのずと知的体力がつきはじめ、『坂の上の雲』（全8巻）を手にするようになると、どんな本でもやってこい、ということになっている。この間、およそ半年の行程だ。まさにこれこそ正真正銘のスピード・リーディング法じゃないか。

3　時代小説は面白い大人の小説である

面白くなければ時代小説じゃない。「大衆」（多数者）が喜んで読む本である。山本周五郎は『日本婦道記』で直木賞に擬せられたとき、「私はもはや新人ではない」といって、受賞を断った。もったいないことをすると思われるだろう。太宰治が芥川賞がほしくて、審査員（佐藤春夫）に懇願の手紙を書いたのと、大違いである。他を頼まない、自恃＝自立自尊心の違いである。

その（山本）周五郎がいう。純文学は、少数の仲間内だけが読む文学で、素人の文学だ。対して大衆文学は、多くの人（大衆）に読ませることのできるプロの文学だ。面白くなくては多くの人に読まれないではないか。ただしここで「面白い」とは、興味を引かせる（インタレスト）のことで、こっけい（ファニー）や奇妙（アド odd）である必要はかならずしもない。

そしてもっと重要なのは、周五郎が「大衆」という場合、「子ども」が入っていないことに注目してほしい。かつては「女子ども《おんな》」が入っていなかった。周五郎が「女」の読者をはじめて獲得した時代小説家であったと思う。

子ども（少年少女）が読まない本、ひるがえっていえば、子どもが大人になるために読まなければならない本、それが時代小説なのである。

そしてもっといいのは、大人になるために読むべき時代小説は、種が尽きないほど数多くあることだ。岡本綺堂『半七捕物帖』からはじまって、子母澤寛『勝海舟』、山本周五郎『栄花物語』、司馬遼太郎、池波正太郎、藤沢周平の諸作品というように、高峰を拾い集めるだけですぐに１００冊を超える。

４　時代小説を読んで歴史好きになろう

「歴史」と「小説」は異なる。しかしどちらも「記録」、「書かれたもの」である。「実物」とは異なる。その意味では、どんなに事実に忠実であっても、「歴史」も「創作」（フィクション）である。歴史＝ヒストリー（history）には「作者」（オーサー）がいる。作者の裏には書かせる人（オーナー）がいる。歴史は「彼（たち）」（his）の「物語」（ストリー＝フィクション）なのだ。

史実とはまったく関係のない物語も、史実、史料を大切にする物語も、歴史物語＝

時代小説である。時と場所を過去の歴史にかりて述べる。おのずと歴史が好きになる。司馬遼太郎の出世作『梟の城』は、御斎峠から始まる。伊賀に実際にある地名だが、地図を見て、字面・字音がよかったから、そうしたという。わたしはかつて伊賀に住んだことがある。実際に御斎峠に行ってみた。まさに御斎（ワンダー＝お伽）峠で、作品のスタート場所にぴったりだった。

時代小説を読むと、おのずと地図（ときに古地図）と年表と歴史辞典をを引き出し、参照したくなる。わたしは、実際にそうしている。歴史ずきの魂が生動しはじめる。歴史好みこそ教養欲の根本にあるものなのだ。

5 いまいちばん売れている本　佐伯泰英『居眠り磐音』シリーズ

しかしいまわたしが学生諸君に最も奨めたい時代小説がある。時代小説の第一次黄金期をになったのは吉川英治、第二次は司馬、池波、藤沢であるとするなら、21世紀の現在・第三次黄金期の頂点に立つのが佐伯泰英である。わけてもその作品『居眠り磐音　江戸双紙』（双葉文庫）である。いまいちばん売れ、読まれている本である。老若男女によってだ。もちろん面白い。拙著『「佐伯泰英」大研究』（日経ビジネス文庫２００９）でその魅力を次のように要約した。

《△物語の骨格　　政治経済ドラマでもある

陰謀によって親友を斬り、藩（国）を出奔した青年坂崎磐音が、江戸下町の温かい人情に包まれながら、藩存亡の危機を救い、財政再建を果たすドラマがまずある。これと踵を接するようにして、帰藩せずに剣一筋で立つ決心をし、しだいに幕府の権力闘争に巻き込まれてゆく大がかりなドラマが続く。この命を的にする壮絶な剣豪ドラマの幕と幕をつなぐようにして、青年の悲恋と得恋がある。江戸下町のさまざまな人間の哀歓ドラマがある。

△味わいどころ　人生を夢中に生きる意味

磐音は、友を斬り、許婚者を失い、家族と別れ、国を追われる苛酷な運命を背負った犯罪者＝浪人である。しかし、その生き方も、人間関係も、剣も自然流である。とげとげしいところがなく、どんなものにも柔らかくとけ込み、熱中することができる。たとえばその居眠り剣法がそうだ。食事や仕事に熱中するさまがそうだ。磐音といると、どんな熾烈な運命にも耐える意味があるのだ、と思えてしまう。不平不満によって自分の人生を無駄に投げやりに生きることを恥ずかしく感じる。夢中になることの尊さを教えられる。》

これに付け加えるなら、磐音は「正業」をもち、稽古を欠かさず、どんな不利に陥っても諦めたり自棄自暴になったりせず、つねに礼儀正しく顔を上げ、だからといって他者にストレスを与えたりしない「青年」なのである。この時代小説は、その未熟を一つ一つ克服して前に進んで行く青春ドラマである。

6．2　政治経済学は教養の根幹

1　大学に政治経済学がない

政治と経済に、とくに戦後日本の政治経済の基本的な姿《ビジョン》を知ろうとしなくては、まともな大人として生きて行くことは難しい。生半可知識、政治談義や経済知識を振り回すと大けがをしかねない。大勢の付和雷同、マスコミのご都合に右往左往し、欲たかりを的にした詐欺に翻弄される。政界も経済界も、隣国のごり押しに簡単に屈してしまうのを、手をこまねいて傍観している他なくなる。知りませんでした、間違いました、と謝るだけの、ムチとバカではすまされないのだ。学生とて同じである。シニアに許されるはずはない。

政治は「一寸先が闇」であるといわれる。昨日は鳩山・小沢で、今日は菅・仙石、明日は○・×、ゆくえ知れず。経済は自由市場経済であるから、為替も株も、価格も利益も、正真正銘、明日のことはおろか、今日今時のことさえ定かではない。風まかせ、運だのみでゆく他ないのか。「風」もあり「運」もある。順逆ともにある。漂流でいいではないか、という人もいる。ほとんどの日本人は無意識にそう感じている。ほとんどは無力感だ。

だが、漂流で人は生きられない。遅かれ早かれ、空中高く吹き飛ばされ、地上にたたき落とされる。高波に襲われ、水中深く引きずり込まれるのが落ちである。

しかし日本の大学にまともな政治経済学がない。学ぶべき基本文献（テキスト）があまりにも少ない。もちろん例外がある。ここで紹介する小室直樹氏の著作は、その一つだ。

2　小室直樹　世界の碩学を師とする

小室の経歴がものすごい。１９３２年生まれで、残念ながら２０１０年9月になくなった。ざっと学歴と業績をならべてみよう。

51年会津高校卒、京大数学科入学。55年卒、大阪大大学院（経済）入学。59年フルブライト留学生として、渡米、計量経済学（ミシガン大、スーツ）、行動心理学（ハーバード大、スキナー）、システム社会学（ハーバード大、パーソンズ）、理論経済学（ＭＩＴ、サミュエルソン）等を「世界の最高峰」から学び、63年東大大学院（政治学）に入り、政治学を丸山真男、京極純一、法社会学を川島武宜、経済史学を大塚久雄、文化人類学を中根千枝という「日本の最高峰」に学ぶ。社会科学の統合的「科学」化をめざす。小室をマスコミで一躍有名にしたのは『ソビエト帝国の崩壊』（光文社　１９８０）である。その後、日本と世界の政治経済に鋭利で独特の分析を与え続けている。主著に、『危機の構造』（ダイヤモンド社　1976）『国民のための経済原論Ⅰ　バブル大復活編』『国民のための経済原論Ⅱ　アメリカ併合編』（光文社　1993）『痛快！　憲法学』（集英社　2001）等がある。

注釈が必要だ。

1。世界の最高峰を師としたからといって、本人がすぐれているという証拠にはならない。

2。しかし、小室はその師と同程度、私にいわせるとその師以上にすぐれている。その師以下ではない。それに業績も残している。

3。その証拠に（といってはなんだが）、小室は大学にポストをえることができなかった。自分よりできる「弟子」にみずからポストを与える教授は、まれの稀である。

4。しかしポストをえることができなかったのは、小室自身のせいでもある。狂躁的酒精中毒生活者であったからだ。

5。小室がめざしたのは、自然科学と同程度の厳密さを誇りうる社会「科学」の創出である。成功したか。然り、かつ、否、といわなければならない。

3　『ソビエト帝国の崩壊』

小室直樹が世間をあっと驚かせたのは、1980年、ソ連崩壊の10年前に、ソ連の崩壊を予言したからだ。当時、カッパ・ビジネスの一冊としてでたこの本は、インチキ本と揶揄され、学界から大ブーイングがでた。しかし、とんでもない「まじめ本」であった。

この本で小室がロシア社会主義の崩壊を「先見」(prejudgement＝予断・偏見）した核心は3つ。

1。マルクスが予見したように、資本主義を通らない社会主義は解決不能な根本矛盾を含んでいる。崩壊するしかない。

2。ソ連の存続には「スターリン」(鉄の規律）が絶対必要である。スターリン批判は、鉄の規律＝秩序を弱体化させ、アノミー（無規律）状態に陥れ、ソ連を崩壊に導く。

3。ソ連軍は「張り子の熊」である。外に出て行けば、負け、国家崩壊の危機に瀕する。

この2の指摘はその通りである。(しかし1と3は正確ではない。）まさに小室の指摘通り、ゴルバチョフが言論統制を緩和する「グラスノスチ」(情報公開）を認めるや、ソ連帝国は一気に崩壊に向かったのである。小室の鮮やかな「勝利」(!?）である。

4 「日本の憲法はもうすでに死んでいる」

大学の講義でなにがインチキ臭いかといって、「憲法」にまさるものはない。小室の怪著『痛快！　憲法学』を読めば、掌を指すように明らかになる。それにこの対話式憲法学は、面白い。むしろ面白すぎる。

すでに小室の弟子の橋爪大三郎が書いているので気が引けるが、裁判員裁判で、素人の裁判員が審理判定しなければならないのは、誰なのか？　被告以外にいない、と答えたら、バツなのである。もちろんその間の理法を小室が詳しく解き明かしてくれる。

《刑事裁判では検事側に1点でも落ち度があれば、ただちにアウトです。少しでも法に触れる捜査をしたり、手続き上のミスが1つでもあったり、真実の証明が少しでも不完全ならば、検察は負け、被告が勝つ。鵜の目鷹の目で検察側の落ち度がないかを調べるのが、裁判官の本来の仕事です。》つまりは裁判員の仕事でもある。

ところが実際の裁判では、裁判官も、裁判員も、被告の犯行、自白、証言、心証ばかりを注目している。本末転倒だ。憲法違反だ。こう小室はいう。なぜ憲法違反か。《ホッブズは、国家とはリヴァイアサンであると言った。これはまさに万古不易の名言です。

国家権力が自由に動き出したら、それをくい止める手だてはありません。

何しろ近代国家には軍隊や警察という暴力装置がある。また人民の手から財産を丸ごと奪うこともできる。さらに国家の命令1つで、人民は徴兵され、命を戦場に投げ出さなければならない。こんな怪物を野放しにしていたのでは夜もおちおち寝ていることはできないでしょう。

だからこそ、近代西洋文明は持てるかぎりの知恵を振り絞って、この怪物を取り押さえようとした。

その知恵の1つが、罪刑法定主義でありデュー・プロセス〔法の適正な手続き〕の原則だったりするわけですが、そうしていろんな法律で〔国家を〕がんじがらめにしてもなお不安は残る。そこで法律や制度でぐるぐる巻にしたうえに、さらに太い鎖をかけることにした。それが憲法というわけ。

だから、憲法はあくまで国家を縛るためのもの。一般国民に対して「仲良くせよ」「平和を愛せ」なんて、訓示を垂れている余裕はない。敵はリヴァイアサン、そんな悠長なことをいってはいられないのです。》

全編この要領である。学問が身につくだけでなく、あたりまえの国民、裁判員なら身につけていなければならない「常識」＝「教養」が身につく。小室先生とはお近づきになりたくなかったが、小室先生の言にバンザイではないか。なおこの本、改題されて『日本人のための憲法原論』（集英社インターナショナル　2006）として出た。

それにいいことに、この本を読むと小室の「社会科学」の著作をつぎつぎと読みたくなる。つい『数学嫌いな人のための数学』（東洋経済新報社　２００２）や「社会科学のためのモデル」という副題をもつ『論理学の方法』（東洋経済新報社　２００３）まで進むと、政治経済学の「玄人はだし」（put (the) masters to shame　名人を恥じ入らす）に近づく。

6.3　心理学は重要だが、要注意

1　科学としての心理学　行動心理学

知育、徳育、体育という。教育の三大部門である。この「育」は「教育」である。学校教育に限らない。教育は、エデュケーション（education）であり、トレーニング（training）であり、カルチャー（culture）である。

心理学はもともとは哲学の一部門であった。だが心理学は、「心とは何か」を（自然）「科学」的に考察する「心の科学」として、哲学から独立し、学問分野としても教養分野としても、重要かつ大きな分野となった。

しかし心理学には判然と区別しなければならない二つの流れがある。常識あるいは教養として心理学を学ぶ場合でも、この区別が必要なことを忘れるべきではない。

「心」の研究は、哲学とともに古い。心の学（philosophy of mind）から心理学（psychology）が独立するまでには、長い歴史があった。日本では、心理学というと、まずフロイトやユングの「精神分析」を思い浮かべる。書店には、河合隼雄や小此木《おこのぎ》敬吾《けいご》たちの本が並んで、盛況を極めている。

だがアメリカやイギリスでは、心理学者で精神分析を自認している人は、まったくの少数派で、奇妙でいかがわしい人物に分類されている、と思って間違いない。先進国で、心理学＝精神分析とみすのは、フランスと日本くらいだろう。

だがここは日本である。精神分析（psychoanalysis）を無視するわけにはゆかない。アメリカの心理学の主流は、行動科学を切り開いた心理学で、その代表がバラス・フレデリック・スキナー（１９０４〜90）であることくらいは知っておいていい。科学的＝実験的＝経験的に確認できる行動事実（のみ）を記述する方法を確立しようとした。

小室直樹は、社会学（social sciences）では理論（数理）経済学が、人間学（ヒューマニティ humanity）では心理学が、自然科学に近似の（接近した）「科学性」を確保できる部門だ、という。その場合の心理学が行動心理学で、小室はハーバード大でスキナーに師事したのだ。

２　科学を標榜する心理学　精神分析

学問研究で避けなければならないのは、既成の理論やターム（学術用語＝概念）を自明のもの、証明済みで不動のもの、と受け取ることである。心理学では、特にそうで、精神分析を応用して、心の問題を分析し、説明する場合も、常にそれを考案したフロイトに戻って、自分の頭と手で検討し直す必要がある。やっかいなわけだ。そして、「経験」科学を標榜したフロイト自身が、観念と経験とのあいだをたえず往復し、抽象的観念（概念）を何度も書き換える必要がある、と繰りかえし述べている。

フロイトは心理学者として出発したのではない。神経科医として、心の「病気」に苦しむ人々を治療する方法をうちたてようとしたのだ。しかも、その治療は「失敗例」で満ちている。試行錯誤（トライアル・アンド・エラー）の連続だった。

おそらく、フロイトの議論で最も重要なことは、人間の心の病の真因が無意識の「内圧」（内的抑圧）によって隠されている、したがって、その治療法は医師が内圧因を発見し、患者本人が納得して、積極的かつ自覚的にその内因を自覚し、取り除くこと（に加わる）以外にない、ということを首尾一貫主張したことではないだろうか。心の病では、患者本人が第二の「医者」の役割を担うということである。

フロイトの著作は、いくつもだされ紹介もされている。ここでは『自我論集』（ちくま文庫）を薦めたい。私の「意識」は「無意識」によって規定されている、というフロイトの考えを、もっともストレートに学ぶことができるつくりになっている。だが易しくはない。

3　精神分析の批判を知ろう　アイゼンク『精神分析に別れを告げよう』

精神分析は難解でやっかいである。そのきちんとした批判書くらいは多少の困難を覚悟して読んでみることを強く奨めたい。

フロイトの精神分析はとても「魅力」的である。学問界でフロイト主義＝精神分析が大きな勢力を占めたのは、１９４０～60年代で、マルクス主義の全盛期と重なる。

とくに、「人間」の心の病と、それが引き起こす異常行動の問題を扱わざるをえない人たち、たとえば、教師やソーシャル・ワーカー、あるいはジャーナリストたちが、心理学理論に助けを求め、すがる思いで精神分析を受け入れてきた経緯があった。この傾向は、特にＴＶや新聞雑誌の事件記事（の分析、解説）で顕著である。この勢いは日欧米で少しも衰えていない。また、文学者や文芸評論家を中心とした文芸理論に、精神分析は大きな力をもってきた。「二流作家にとってフロイトは救済を意味する」とハンス・アイゼンク（１９１６～97）は『精神分析に別れを告げよう』（批評社）でいう。

フロイト理論は、マルクス理論と同じように、難解であるにもかかわらず、（否、難解であるからこそ）、その実践方法が単純明快であるため、魂と社会の救済を求める人々を強く吸引することができたといっていい。たとえば、幼児の「指しゃぶり」は口愛期の性欲である、というようにである。

また共産ロシア等の社会主義「実験」がそうであったように、フロイトやその後継者たちの治療法が失敗に終わったケースが、巧妙に隠されてきた、という事実も知っておくべきだろう。

4　心の謎を考える　吉本隆明『心とは何か』

「心」の問題を、フロイト理論に基づきながらも、独特のやり方で解き明かそうとしている人に、吉本隆明（1928〜2012）がいる。心理学をまなぼうとする人が、「心」の研究の達人でもある吉本の本から、学ぶところが多いだろう。

『心とは何か』は、評論集で、体系的な書ではない。だが「心」の問題の核心的な部分、心身問題の病理が、すぐれた外科医のメスのような切れ味で、吉本の「言葉」で解剖（解明）されてゆくのが手に取るようにわかる。

たとえば「母親が乳児に写した精神の振る舞いの範囲を越える異常ということは、まず人間にはありえない」という吉本テーゼ（基本命題）の含意を、短くいうと、こうなる。

《母親がもしこのとき〔幼児期〕に、さまざまなやむをえない事情で、いい精神状態でなかったとしますと、それが家庭内暴力の根源の一つになりうるのです。なぜならば、日本の母親の乳児の育て方というのは、どうかんがえても、生まれてからある期間は母親が全世界だという育て方をするからです。この世界が。もし悪だったり障害があったとしたら、乳児はどこへも行き場がない刷りこまれ方をするわけです。》

これは、ここだけを取り上げれば、家庭内暴力で父を撲殺した少年は、幼児期、父母の愛育を授からなかったからだ、という社会面の解説記事と同内容のものである。家庭内暴力の（1つの）原因を、こんなにも単純明快に言い切っていいものだろうか、と当然疑問がわかないだろうか。わいて当然だ。吉本も（単純化された）自説に対する疑問を否定しない。そのうえでいいたい。

吉本の言説に「信」をおくことができるのは、自分の言説に信をおきつつ、つねに「疑う」ことをやめないことだ。懐疑精神である。疑う、つまりは考えることを断念しない精神をもっていることだ。健全な精神とは、常識に信をおきつつ常識を疑う、心の営みのことだ。教養ある人間の態度である。

6.4　現代生命論は大転換をとげつつある

1　生命観の転換　多田富雄『生命の意味論』

専門としても教養としても生命論、とくに人間生命論は非常に重要な分野である。大きく分けると3つの問題分野に分かれる。

1つは自然（物質）と生命との関係いかんである。2つは自然（生物）と人間生命との関係いかんである。3つは人間生命と機械（人工自然）との関係である。

従来は、生物は生命をもたない物質を超越する。人間生命は精神を持つことで生物生命を超える。そして人間生命は物質である機械を超える、と説明されてきた。つまり物質と生物、生物と人間、人間と機械とは「不連続」である、というのが自明の理であるとされてきたのである。常識の教えるところでは、この生命論は今日でもほとんど変わっていない。しかしである。

一九五三年、ワトソンとクリックが発表した二重ラセン構造モデルは、「生命」に対する考えを一変させた。

ウィルス、細菌、植物、昆虫、人間を含む動物など、すべての生物は、DNAを生命の基本設計図＝遺伝子としてもっていることが、そして、生物というものに共通な

「増える」という属性（基本性質）＝自己増殖能力が、ＤＮＡの二重ラセン構造によって説明できることが、わかったのである。

しかも、ＤＮＡの二重ラセン構造の構成成分（4種の塩基）は、人でも大腸菌でもネズミでもエノコロ草でも同じである。この点では、人間という存在を特殊・特権化することはできない、ということになった。

他方、人間の子どもは人間で、カエルの子はカエルという種の個別性も、ＤＮＡの構造のなかに書き込まれている。人間の存在も、カエルの存在も、ＤＮＡによって決定されている。だから、ＤＮＡの暗号を比較することで、生物の進化、種と種との関係、さらにはその存在意義まで理解できる可能性が出てきた。

この免疫学の権威である多田富雄（１９３４～２０１０）は、今世紀、「失墜した神」に代わって現れたもっとも偉大な思想は「造物主ＤＮＡ」という思想ではないか、と思う、と『生命の意味論』（新潮社）に書いた。

「物質」から「生命」を造ることができる、人間生命も例外ではない、したがって物質・生物・人間・機械は連続しているということになったのだ。

実際、生命技術の進化は激しくかつ速く、あらゆる産業分野での実用化も日進月歩だ。もちろん、化学や工学の分野ばかりでなく、哲学をはじめとする人間・社会学のすべての部門に大衝撃をもたらしている。

ただし多田は、DNA万能論を展開しようとするのではない。むしろ、まったく同じ遺伝子構造の一卵性双生児が、なぜまったく違った「人格」＝「自己」（アイデンティティ Identity）をもつにいたるのか、を「超《スーパー》システム」という概念を導入して解明しようとする。免疫学で新しい知見を切り開いた医学者の多田は、まるで哲学の分野に殴り込みをかけたと思えるほど、新鮮な「論理」を展開する。素晴らしい書物だ。

2　等身大の生物世界の観察　『ファーブル昆虫記』

自然科学や工学の分野では、宇宙大から「ナノ」（1ナノ＝10億分の1メートル）の世界まで、観察と分析の世界がどんどん広がっている。人間の目、ひいては感覚器官を超絶した世界で、私たちの目に映じるのは、極小化あるいは極大化された仮想現実である。しかし、どんなに巨細な対象を捉えるメディア（器具）が開発されているとはいえ、感覚器官の「延長」であることに違いはないのである。

ここに、私たちが、長い年月、昆虫の生態観察を通じて、自然観察の文法（マナー）を確立した（ジュニア版）『ファーブル昆虫記』（奥本大三郎訳　集英社　全8冊）を、今日でも、否、今日だからこそ読み・学び直さなければならない理由がある。

たとえば、サソリだ。サソリは、火の輪で囲まれると、わが身をその毒針で刺して

「自殺」する、といわれるが、本当か？　こう自らに問いかけて、ファーブルは、すぐに実験観察に移る。凶悪犯を追う刑事のような冷静な観察眼で、サソリに自殺はない、ひいては、人間以外の動物には自殺はない、という結論（推論）を導き出すのだ。

もっとも、「観察」の重要性は、社会を対象にする場合だって、少しも減じない。同じひとつの対象を、長時間かけてじっくり観察するというのは、どの分野であれ、学問のもっと広い教養の基本なのだ。

それに『昆虫記』は、ファーブルの学問的な研究記録であると同時に、彼が貧しさの中からどのようにして自立した研究者になったのか、の厳しい研究生活記録でもある。

自分の現在の成功境遇を、自分一個の努力のたまものである、とつい誇り偉ぶりたくなる人は、ファーブルの研究生活記録に焦点を当てて編集された、『ファーブル 昆虫と暮らして』（岩波ジュニア文庫）を手に取ることを奨めたい。「小さい小さい、ファーブルさんの努力と比べてみなさい」と自分を省みてほしい。

それに、『昆虫記』が他に比類なくすぐれているのは、誰でも、いつでも、どこでも、資本なしに、近づき、観察し、推論し、貴重な成果を導き出すことができる領域を対象にしているからだ。まさにライブで、生きた・生活・人生の繊細な観察研究が可能な世界なのである。

3　動物人間学　今西錦司『人類の誕生』

生命体（生物）の研究につきまとう困難の一つに「進化論」問題がある。特に、人間の進化＝発生問題である。

今西は、ダーウィンの進化論を批判し、「主体性の進化論」を提唱する。これが、乱暴であり、しかし、実に説得的で、魅力的なのだ。今西の議論を最短縮していうと、こうなる。

サルから人間への移行＝進化で決定的なのは、「直立二足歩行」である。あるとき、ヒトは、立ち上がるべくしていっせいに立ち上がった。このヒト種全体の変化の「事実」（記憶）が、「赤ん坊は立つべくして立つ」という個体変化に現れる。そして、ヒトはなぜ立ち上がったのか、は、これ以上でも以下でもない。

えっ、これが学問なのか、と思われるだろう。学問なのだ。

今西は、長く動物の科学的研究をめざしてきた。「棲み分け論」や「サル学」で世界的権威になった。しかし、最終的には、自分がめざすのは、結局、自然科学というより、自然哲学に近い、自然学である、という。（これには今西に従ってきた共同研究者や弟子たちも唖然としたのではなかろうか。）

もちろん、今西は言葉遊びでこれをいうのではない。人間は立つべくして立った。これは「実証」不能な命題だが、これ以外にない「真実」であり、もはや、それ以上のことはいえない。これが今西の回答だからだ。

わたしは、哲学専攻であるからというだけではなく、この今西の一見して「雑」（大雑把＝sweeping＝大摑み）と思える回答・解答に、むしろ学問する人間の誠実さ、人間としての教養の深さを感じる。

4　人間はどこまで機械か　古川俊之『機械仕掛けのホモ・サピエンス』

多田の『生命の意味論』には驚嘆したが、動転せずにすんだ。古川俊之（1931〜）の『機械仕掛けのホモ・サピエンス』（潮出版社　1987）をすでに読んでいたからだ。

この本は、文系の人にも理系の人にも、同じように読んでほしい。コンパクトでしかも叙述は簡明、かぎりなく刺激的な言葉とデータに満ちあふれている。こんな具合だ。

「人間をはじめとする生命はどこまで機械なのか？」と問い、「人間は不完全な分子機械で、機械はこの不完全さを補うためつくりだしたものだ」と結論づけるのだ。

非常に単純化すると、「人間は出来損ないの機械」だからこそ、人間は機械より「高級」である、ということだ。もう少し敷衍すると、生物はごくかぎられた材料、タンパク質、脂質、水などからできあがっている。ところが、このかぎられた材料から、千変万化、複雑で高級な生命ができあがる。したがって、このできあがった生物は、かなり「設計に無理がある」のではないだろうか。こう古川は考える。

古川は医者で、コンピュータによる臨床診断の第一人者ということだが、その考え方は、実に明快である。多田がどちらかというと、哲学のタームを使って、問題をむしろ難しくする傾向があるのに対して、実に議論も研究姿勢も直進的で、そのスピード感が知的爽快を与えずにはおかない。

観察や認識が深まれば深まるほど、やるべき課題が増えてゆく。古川は、自然科学は、まだ子どもから大人への成長段階にある、ときっぱりいい切る。これは自然科学ばかりのことではないだろう。

わたしが古川の人間＝機械論（研究）から学んで自分のものとした最大のものは、「人間は無限な欲望を無制限に発動させようとする本性（＝自然＝生命力）をもつ存在である」。だから「資本主義が社会主義に『勝利』したのは、資本主義が人間のこの本性にフィットしているからだ」というもの（仮説）だ。この仮説から導き出されるのは、社会主義がどんなに素晴らしく、たとえ万が一に実現したとしても、人間が住めない場所である、ということになる。社会主義ロシアが崩壊しようがしまいが、これが最終的にわたしが社会主義を否定する根拠（確信）である。（なお『機械仕掛けのホモ・サピエンス』は絶版になってひさしい。古川の他の著とともに文庫本化が早急に望まれる。）

7　就職・仕事のための読書

7.1　仕事＝勉強術　就職試験のために

1　一流大学に入って、恥ずかしいこと

大学にはいるために猛勉強した。受験勉強だ。そして望みの一流大学に入った。望みは達した。もう「猛勉強」はやめた。卒業単位を揃えるだけでいい。なぜか？　東・京・早・慶大をはじめ、日本の一流大学には「就職難」はないからだ。よほどのノロマでないかぎり、あるいは司法試験や国家公務員Ⅰ種試験を受ける特殊な学生でないかぎり、自分が希望する職種あるいはその周辺に就職可能だ。何をいまさら勉強なんだ。これが紛うかたなき事実である。

たしかに一流大学の学生が「就職」するのに特別な勉強はいらない。しかし、就職してからが、専門知識や技術も、教養も存分に試されるのだ。T大を出たのに、こんなことも知らないの、こんな簡単なことも出来ないの、教養なんてまるでないじゃない、人間関係力はまったくゼロね、という評価を与えられる。一流大学をでた人間は

かえって使い道がない。粗大ゴミだ。こういうことになりかねない。そのとき臍《ほぞ》を噛んでもう遅い。

それにせっかくの脳力、知的エネルギーを、十分に燃焼させるのをやめて、たった4年間で劣化させるなんて、無茶で無駄なことをする、といってみたい。君の人生の、ひいては日本の将来の、もっと大げさにいえば世界の知的財産をドブに捨てる行為をみずから買って出る、というほどの愚行なのである。

わたしが本書を書く理由は、知的エネルギーにあふれ、それをもてあましている人に、本書を読んで、活用してほしいからである。

受験勉強は勉強の初歩段階である。就職してはじめて本格的な勉強が始まると見ていいのだ。大学時代はその前段階、準備期間である。ここでトレーニングに手を抜くと、初歩段階で立ち止まることを意味する。否、むしろ退歩する。

一生が勉強、知的トレーニングである。まずこのことを知ってほしい。シニアに例外ではない。

2　勉強術　野口悠紀雄『「超」勉強法』

梅棹忠夫の『知的生産の技術』は、まだコンピュータとりわけパーソナル・コンピュータが普及してなかった時代、高度知識・技術時代にふさわしい（パソコン的）仕事＝勉強術である。とくに研究的生活をする人たちを対象にして書かれたもので、よく読まれ、参照され、活用された。

梅棹本の現代版、コンピュータ時代にふさわしい勉強＝仕事術というべき本が、野口悠紀雄（１９４０〜）『「超」勉強法』（講談社　１９９５）である。『「超」整理法』（中公新書）と同じように、野口自身の体験からえた勉強術の披見で、大学受験生からビジネスマン、ひいては研究者まで、大いに役立つ知見に満ちている。いうまでもないが、野口の知的生産力の大きさ、高さが、ハウ・ツーものの威力を十分証拠立てている。

野口が立てる勉強法の三原則とはこういうものだ。

第1原則　面白いことを勉強する。〔興味と知識は連鎖的に広がる。基礎は退屈で難しい。基礎からはじめるのは第1原則に反する。分からなければ、飛ばして、興味のおもむくままに進む。〕

第2原則　全体から理解する。〔まず最初に鳥瞰図をえる。部分の積み重ねで全体を理解するのではなく、全体を把握して部分を理解せよ。〕＊同じことになるが、わたし（鷲田）なら、大まかな全体図（コンテンツ＝目次＝Contents）をまず描き、各部分を一つづつ積み重ねて行く。

第3原則　8割原則〔8割出来たら（よしとして）、つぎの仕事にかかれ。〕

ただしこの3原則は、とくに「超」術ではなく、よく勉強し、成果を上げている人なら、多くがやっているやりかたなのだ。

3　「いまだなにものでもない」不安　林望『書藪巡歴』

どんな分野の仕事に就くにしろ、勉強なしに、トレーニングなしに成果や業績はやってこない。勉強の困難さは、「勉強をする」ことにあるのではない。勉強でいちばんつらいのは、この勉強がどこまで続けば成果がでるのか、がわからないことにある。野口の『「超」勉強法』にはこの成果がいつやってくるのか「未定」な不安問題が欠けている。

『イギリスはおいしい』（平凡社［文春文庫］1991）等で知られるリンボー先生こと、林望（1949〜）は、なにを隠そう「世界的」な書誌学者なのだ。

若き日の研究成果に、『ケンブリッジ大学所蔵和漢古書総合目録』（Early Japanese books in Cambridge University Library : a catalogue of the Aston, Satow, and von Siebold collections; Nozomu Hayashi & Peter Kornicki - Cambridge University Press, 1991, xx, 520 p.）という代表作がある。江戸の版木研究で知られる林の、意外な研究遍歴の結果である。

林の『書藪《しょそう》巡歴』（新潮社　1995）には、ほとんどの大学に講座も授業科目さえもない、書誌学を専攻し研究したものがたどらざるをえなかった、（大学に専攻科目、研究発表の場さえない）学問上、（ポストがない、定収を確保できない）生活上の、（ボスによって大学を体よく追い払われる等）人間関係上のさまざまな「交錯」が描かれている。多くは逡巡と苦悩の日々だ。それをどのようにして乗り切ってきたのか、専攻（仕事）を全うしてきたのか、をテーマにしたものだ。

この本は、研究生活をしようとする人にとってばかりでなく、仕事＝定職をもち、そこで自分の得意分野を確立し、業績を上げようとする人たちに、もちろん学生に、大いに参考になる。シニアには、自分の来歴と比較されることをぜひ勧めたい。

7.2 知的生産力の養成

1 雑学＝教養と専門

「雑学」というと、「雑学事典」でも知られるように、「カレーライスか、ライスカレーか」というような雑雑たる、系統立っていない知識のことだと思われている。間違ってはいないが、半ばのことにすぎない。

じつは「教養」の本体は、教養に対するものを考えると分かるように、「雑学」なのである。教養対専門、雑学対専門である。オールラウンダー対スペシャリスト、ジェネラリスト（generalist）対スペシャリストである。

さらに重要なのは、専門をもちそれを深めていくことと、その専門を超えてさまざまな分野に足を踏み入れて行くこととは、矛盾しないばかりか、専門分野の仕事に充実をもたらすきわめて重要な行き方なのである。両者の関係は、まずは専門を確立すべきで、そのあと余裕があれば非専門分野に進むべきだ、というような先後関係ではない。専門に没入しているあいだも、そこに閉じこもらないで、広い視野と見識を持つために、さまざまな分野の成果を注視し、参照することが重要なのである。

さらにいえば、自分の専門の関連分野につねに注意を払うだけでなく、さまざまな、まったく関連のない分野を眺め、その知見をアトランダムに拾い集めるだけでも、気分がよくなる。気分転換（リクリエーション）の一種になる。精神衛生にとてもいい。自分が選ぼうとする専門＝仕事に関係しない本、「雑書」というべきものをも、積極的に読むべきだという理由である。

2　雑文家は生産力が高い

教養書とは雑書のことである。

志望は経済アナリストだ。進もうとする専門以外の本、雑書、時代小説や自然観察の本を読むなんて、時間の無駄である。就職の邪魔である。こういう考え方もいちおう成り立つ。

たしかに就職試験も試験である。大学受験と共通する部分がある。だが国家資格試験のような特定の分野は別にして、就職試験勉強は、就職後の仕事と関連する知識や技術の習得がその基本になる。

経済は政治と密接にリンクしている。現実経済を眺めているだけで、歴史を知らなければ、とんでもない誤りをおこす。たとえば、デフレ経済である。未曾有の経験だといわれる。そんなことはない。19世紀末の25年間、イギリス経済はデフレであった。好況期でヨーロッパに大きな戦争がなかった。この歴史経緯から学んで、（もちろん世界と日本の現実経済の分析を通して、）経済アナリストの長谷川慶太郎は、１９８５年、バブル経済で沸き立つ中、世界経済、日本経済はデフレ基調になった、と断じたのである。見事な分析である。『日本はこう変わる』（１９８６）においてだ。

非専門的分野でものを書く人を「雑文」家といって軽蔑する向きがある。雑文を書くことを、金儲けの手段であるとみなす傾向が強い。たしかに、そういう人もいる。同時に、専門分野ばかりでなく、専門分野以外でも活躍する人、著作をする人の多くは、知的生産力が高い、という事実に注目してほしい。言葉を換えていえば、専門と教養の分野に相通じている人の知的生産力は総じて高い、専門分野でも専門に閉じこもる人より数倍も高い。こういって間違いない。

専門と教養とにあいわたる著者の本を読むと、おのずと教養が身につく。専門の貴重な案内役を果たしてくれることもある。その上、次から次に本を生産するから、おのずとどんどん読まされて行くことになる。

3　専門を見つけるために教養が必要だ

「この道」をこそ進みたい。自分の進むべき道を発見したときの喜びはいかばかりのものだろうか。意欲満々になること請け合いだ。しかしこういう例があった。類例もたくさんある。

隠れ里のような温泉地に、アートと保養をリンクさせた旅館がある。団体客やゴルフ客はやんわりとお断りし、宴会なし、麻雀なしの静かな別天地である。こういうところでこそ働きたい。アートのセンスも磨ける。主人の「お客様は神様ではない。第一の顧客は従業員である。」という理念にも共鳴できる。

そういって張り切って応募し、働き出した青年が、わずか半年、自分の思いと合致しなかった、この仕事にあわなかった、といって退社したのである。なぜか？「思い」が強すぎて、空回りしたのである。最初は、毎日、同じ仕事（雑事）がたんたんと続く。それができてこその旅館業、サービス業である。ところが雑事に追われて、アートを磨くなぞの暇はない。これじゃ続けていても、意欲は落ちて行くばかりだ。こういうことらしい。

しかし雑事を楽々とこなすこと、が出来てこそのアート磨きではないのか。その逆では決してない。

大学時代、これこそ「自分の道」だ、と決めた道は、まだほとんど自分の足で歩いたことのない未経験の道である。しかも、その多くはクールに検討してみれば「数本の道」の一つである。だが「道」はその道（のようなもの）をかなり歩いてみて、「自分の道」かどうかがわかるのだ。「道」に恋したが、その道をかなり歩いてみなかったら、道が出来るわけがない。

つまり、専門＝仕事を決めるには、さまざまな専門を、つまりは専門の入り口や精華（エキス）を、雑専門＝教養を「体験」する必要がある。学生時代、実体験することは難しい。たしかに研修がある。しかしなまじ1週間や1カ月の研修で、これだと決めるより、さまざまな分野を書物を通じて体験するほうが、よほどいいのではないだろうか。

わたしにようやくこれではないか、という「道」が発見でき（そうに思え）たのは、定職を得たのち、35歳、1冊の本とであったときだった。雑書（谷沢永一『読書人の立場』〔桜風社　1977〕）であった。

わたしは雑書読みである。雑書のなかで自分の道を見つけ、知的生産力を身につけた。雑書を読まない人に知的生産力はつかない。そう断言してもいい。

7．3　教養知の水準の目安

しかし読書はただ闇雲に、手当たり次第に読み進めていけばいいのかというと、そういうわけにもゆかない。ひとまずは、とっかかりの目印、読み進むべき目安が必要だ。

就職＝仕事ということに的を絞って、教養的知の水準、言葉をくだいていえば、この著者のこの本のこんな要素に注目すると、おのずと標準（スタンダード、世界水準＝グローバルスタンダード）教養に達する（のではないか）、という目安を示す必要があるだろう。

とりあえずしかしアトランダムにではなく、就職＝仕事における必要度を考えて、4人を立ててみた。

1　石橋湛山　現実直視のジャーナリスト

信念の人、不動の精神哲学を持した。

石橋湛山（1884～1973）から学ぶのは、学生時代、ともすれば欠けやすい現実直視（realism）の態度である。

1．リアリズム人間は、現実と自分の信念とが食い違っていたら、現実を優先する。さらに現実を重視するだけではなく、自分の信念と現実が合わなかったら、自分の信念を変える。これは簡単なようで難しいことなのだ。

2．ところが石橋湛山はリアリズムの人なのに信念の人でもある。大局的には、自分の信念を生涯にわたって変えなかった人といっていいだろう。

1．と2．は一見して矛盾しているように思える。だが、1．と2．が共存すること、それが大局で石橋の判断を誤らさなかった理由である。

石橋は第一次、第二次世界大戦を挟んで活躍し、ジャーナリストから政治家に転じた。この時代、信念を曲げず、事実を直視でき、しかもまちがわなかったなどというのは、奇蹟に属する。石橋は、そんなまれな一人だ。なぜ石橋がそんな奇蹟を起こすことができたのだろう。時流に流されずに、現実をリアルに解釈する独自な眼をもっていたからだ。

石橋湛山から一番学びとってほしいのは、その評論の中心におかれた「大日本主義」批判である。一行でいえば、日本は4島だけでいい。植民地はいらない、軍事主導で世界に覇を唱える行き方を拒否する、「植民地は無用、有害だ」だ。

1に信念の問題である。日本は自立力で豊かになることができる民族であるという自負心に基づいていている。

2に経済的理由である。他国に侵出して他国民に嫌われ、莫大な金をつぎ込んで収支決算がマイナスになる植民地政策の現実は、結局、ある特定の人間たちのみが利益を得るだけで、国民全体の利益にはならないからだ。

そして3に政治的な理由である。領土拡大主義は、必ず軍備強大を招き、軍事によって政治も経済も国民の生活も抑圧、統制されていくからだ。

石橋は、戦前、これを東洋経済新報社という一出版社に立て籠もって主張し続けたのだから、驚嘆を通り越し、奇蹟としかいいようがない。

だからこそ、石橋は、敗戦直後の8月15日、日本国民が茫然自失するなかで、こう断じることができたのだ。敗戦こそ日本飛躍の千載一遇のチャンスである。なぜか。植民地がなくなった。軍が解体した。軍需産業が崩壊し、戦時のさまざまな統制と悪法が消滅した。かくして日本は新しい門出が可能になった。前途洋々である。

石橋の評論集を奨めたいもう1つの理由がある。ものごとの核心を、短い文章で、的確に、気取りなく語り、書いたからである。仕事人が模範とすべき考え、判断し、書くスタイルというべきだろう。

石橋の評論集は岩波文庫、草思社から出ている。だが、ぜひ、石橋湛山著作集（全4巻　東洋経済新報社　1、2は経済論　3は政治・外交論　4は文芸・社会評論）で読まれることを奨めたい。

2　司馬遼太郎　人間の大学

独学自学の人で、偏頗なところがない。

まず、司馬遼太郎の小説、紀行文、評論、エッセイを読むと、それだけを読むと、「人間＝大人」になることができる、といってみたい。司馬の作品は「人間の大学」なのだ。「教養大学」である。

第1。司馬遼太郎は人間通（master of human nature）、つまり人間（本）性の達人である。

司馬遼太郎も奇蹟の人だ。なぜか。司馬は徹頭徹尾独学で、だれかに、なにかを習ったということを毛筋ほども見せない。司馬の学校は図書館＝書物であった。ふつう先生がいない独学の人には偏頗な人が多い。逆にその癖や一面的なところが魅力にもなりうるケースがある。ところが、司馬の知識には偏頗なところが少しもないのだ。

日本にも「国民作家」が何人かいる。その一人である夏目漱石や森鷗外はそうとう偏っている。だが、司馬個人を「イヤなやつだ」というふうに思う人は少ない。知識も人格も偏ったところがないからだ。ところが司馬は「断言」の人である。普通なら「だろう」というところを、「である」と言い切る。こういう人には敵がいるものだが、司馬にはぞんがい少ない。

英雄を唱う。

司馬は唱う人である。聞く人をいい気持ちにさせる。どんなに悲惨なことを書いても、唱っているように聞こえる。つまりは、人をその歌で乗せる。その歌は演歌で、ジャズじゃない。身が踊るのではなく、心が踊るのだ。酒がうまくなる。惚れ惚れする。元気がでる。

司馬は男の典型を書きたいという。英雄のことだ。英雄と非英雄の間には別に溝などない。その能力を最大限まで伸ばして生きた人が英雄である。

この英雄たちには人格的に非常にイヤなところがある。たとえば『花神』の村田蔵六（のちの大村益次郎）は、木で鼻をくったようないい方や態度をする人間として登場する。まことに素っ気ない。だが、司馬が書くと、そういう人がもっている独特の考え方、人間に対する理解に注目せざるをえなくなる。学者・技術者・軍人として型破りだったから、蔵六が大きな仕事をなしとげたのだ、ということがわかる。

敗戦後の日本教育は、英雄を意識的に消去してきた。この逆を行ったのが司馬である。司馬は英雄たちを描いて、人間と人間関係の「勘所」（急所）を語る。社会人になるためにかならず通り抜けるべき書物、それが司馬の作品群である。ほとんど文庫本で読める。

小説では、①斎藤道三・織田信長を描いた『国盗り物語』、②軍事技術者村田蔵六を描いた『花神』、③遅咲きの革命児坂本龍馬を描いた『竜馬がゆく』。評論では『人間の集団について』、エッセイでは『人間というもの』、紀行文では『街道を行く』を奨めたい。

3　千葉敦子　フルタイムをすっきり生きる

千葉敦子（1940〜87）は他の3人とくらべると、格段に有名度が落ちる。しかしその重要度は他の3人と変わらない。情報社会の先駆け人間だったからだ。すっきりした人生。

千葉敦子は、ニューヨークで活躍したフリーランス（自由契約）のジャーナリスト、エッセイストであり、ガンと闘った人でもある。

千葉は、70年代からコンピュータで仕事をし、コンピュータがもっている思考能力をだれにでもわかるように表現した、もっとも早い時期の一人である。これは凄いことなのだが、残念ながら、このことを書くのが早すぎたため、仕事にふさわしい評価をえることがなかった。

千葉はすっきりとした人生をおくりたいと考える。ということは、この人、すっきりした生き方をしていなかったからだ。すぐにスケジュールに混乱を来す人だった。だから予算を立て予算どおりに生きる、人生の予定を立ててすっきりと生きる、と強く決意するのだ。治癒不能な病気にかかると、ひたすら目標に向かって生きる人がいる。

だが、彼女のひたむきさは、病気のせいではないように思える。

コンピュータのある暮らし　整理、集中、持続。

フリーランサーの千葉がすっきりした予算を立てた人生を生きることができたのは、パソコン（パーソナル・コンピュータ）があったからだ。

パソコンが登場するまで、彼女も、ジャーナリストの通弊通り、スケジュール仕事に追われていた。仕事をとりすぎ、時間がなくて、徹夜を何日もするというようなことが続く。だから、疲れて、整頓に時間を割く余裕もなくなり、資料もあっちこっちに転がって、どうしようもなくなる。その上、ものを書くと、15分ぐらいで集中力がとぎれるのだった。

ところが、コンピュータで仕事をすると、2時間も3時間も集中力がつづく。彼女がジャーナリストになった理由がふるっている。小さいときから集中力がなく、机にじっと座っていることができなかったからだ、というのだ。思うに、机にじーっと座っていることができたら、学者になっていただろう。

彼女がいうとおり、パソコンは、人間の思考活動を集中かつ持続させる機械である。むしろ危険なのは、集中力が持続しすぎることにある。壊れるほどに仕事をしてしまうのだ。

ニューヨークのジャーナリストは、総じて、一度にいくつも仕事をするそうだ。1

日に、各種の記事やエッセイを、30枚から40枚は書くそうだ。日本のように1週間に2本とかというような次元ではない。

死にがいのある人生　寿命より事業。

千葉の本を読むと、もちろん不治の病気にかかったこともあるが、一番すごいと思えるのは、命に対する考え方である。現代は健康社会で、長生と延命が幸福より重要視される。だが命に限界がある。努力（仕事）には際限がない。だから彼女は寿命よりも事業を、仕事を選ぶのだ。言葉を継げば、死にがいのある人生を選ぶということだ。

そのために、すっきりした人生の予算を立て、それを使い切る。その手段として、パソコン使う。これが彼女がニューヨークで発見したことだ。日本にいたら、おそらく発見できなかっただろう。

千葉のような人生と仕事に対する態度は、大学生には理解しにくいだろう。しなくてもいい、もっとずっと後のことだ、と考えるだろう。大きな間違である。千葉が例外的、先駆的に生きた情報社会と高齢社会のまっただ中を、わたしたちが生きているからだ。

千葉のエッセイでは2冊奨めたい。『ニューヨークの24時間』（彩古書房　１９８７文春文庫）と『アメリカの男と女』（彩古書房　１９８７）である。

4 池波正太郎　プロ professional 魂

就職の基本は、サラリーマン（ウーマン）になることではなく、仕事人になることだ。仕事にサラリーがつくのだ。その逆ではない。

よく「仕事分働けばいい」といわれるが、職に就いた新人は、数年間、将来を見越して、やった仕事分の何倍も支払われる、と思った方がいい。それくらい、最初は仕事が出来ない。

しかしこの事情と、仕事魂、プロ精神をもとうとすることは矛盾しない。そのプロ魂を池波正太郎その人とその作品からぜひ学んでほしい。

職人気質。

池波正太郎はプロフェッショナルである。

プロフェッショナル魂とは何か。簡単にいえば、どんな注文にも応じます、という形で仕事をする人のことだ。

司馬もプロであったが、自分の好きな題材だけを選んで書いた。

もちろん、池波だって好みの題材を選んだ。しかし、池波は注文された題材ならつねにきちんと料理できる人だった。

料理を例にとろう。池波の作品に出てくる料理は本当に食べたら美味しいのだろうか？　たしかに「美味しそう」だ。だれにでも「作れそう」だ。料理の種類を問わず、池波は一番のポイントをきちんと表現することができるからだ。料理ばかりでない。人物に関してもそうだ。悪人に魅力がある。小間使だってそうだ。

池波の作品には主人公が１人いる。有力な人物が何百人出ようと、その他大勢である。主人公だけを唱い上げるために、魅力ある人物やない人物やで周囲を固めるわけだ。鬼平、小兵衛、梅安みなそうで、しかも主人公にも悪の種が宿っている。本当のところ、主役がいちばん大きな悪を抱えているといっていい。

悪の魅力、これこそ悪を抱え込んだ大人の魅力である。ただし悪が魅力となるには、やはり仕事が出来なくてはならない。鬼平、小兵衛、梅安の魅力の核は、仕事が出来る人間のプロ魂である。

質問すると「分かりません」（ときに「黙秘権がある」）、仕事をたのむと「出来ません」（ときに「拒否権がある」）という学生がいる。とうてい就職して仕事をこなすことはおろか、こなす意志さえない人間と判断される。真っ先に、リストラの対象になる。もちろん、仕事人（給料以上に稼ぐ、会社に必要な人）になることはできない。金をもらって仕事をして、金以上の働きをする、池波の仕事人３大シリーズを堪能しつつ、プロ魂を養ってほしい。その『鬼平犯科帳』『剣客商売』『必殺仕掛け人　藤枝梅安』シリーズは全部文庫本で読める。

付　読書7則

ジュニアやミドルのとき、読書をスルーしたシニアにこそ、切実に必要な7則だ。

1　大人のまねごとをしてもむなしい。大人になる準備が必要だ。それなしには背骨のないクラゲになってしまう。じっさいなっている

人はだれでも大人になることが出来る。しかしそれは外形のことだ。内容が伴わない。なぜか。人類がながいあいだかけて蓄積してきた知的遺産の最大物である書物から学ばないからである。

2　「なにものでもない」時代は不安で辛い。そこから抜け出るには自己叱咤と刻苦勉励しかない

意欲はある。自己鍛錬もいとわない。しかしいまだなにごとも成し遂げていない。そう思える人に断言したい。読書（だけ）が君を君自身の手で鍛えるのだ。書物（だけ）が、いつ・どこでも・なにがなくても、きみの先生になることができる。とりわけ、いまだなにものでもない存在（nobody）をなにものかである存在（somebody）、大人（human-being）にするのが読書である。

3　スピードランニングが無効、なのが読書である。人生は長い。たっぷり時間はある。シニアにこそ時間はありあまるほどある

読書がもっともいい有効な知的トレーニングであるのは、速習を許さないからである。多読、乱読、雑読を問わず、熟読がその中心になるからだ。熟読のためには集中力を持続しなければならない。知的集中力を持続できなければなにごとか（something）をなすことができない。人生で充実感を味わうことが難しい。

4　勉強術がある。もちろん読書術もある

独習でいちばん危険なのは、独善と偏頗に陥ることだ。自己流である。読書好きが陥るのは、自分勝手を独創と思い違いすることだ。読書が毒書にならない工夫をする必要がある。読書術が必要な理由だ。

5　人間、35歳までは準備期と見なすべし。学校では授業、会社では仕事、家その他では読書が本筋である。読書こそ、授業も仕事も激減した、シニアの独壇場ではないか

一人前の大人になるのは、平均値でいえば35歳がひとつの山である。それまでは登山である。自分の足で登るのだ。登る決意、厳しいトレーニング、トライアル・アンド・エラーの登坂が必要不可欠だ。そのスタートラインに立たなかった人がどうなるか、答えは明白だろう。

だが、重ねていう。人生は長い。シニアだって、再スタートラインにたつ資格十分なのだ。

6 「遊び」などいつでもできる。どんなに忙しくても、否、忙しければ忙しいほど、人間は遊びたくなるものなのだ。読書で忙しくなる。これ、シニアの特権だ

読書は気晴らしのひとつでもある。遊びだ。しかし読書は遊び以上のものだ。若いとき、読書あればこそどんな困難も乗り切ることが出来た。わたしが、読書を通じて学んだ最大の人生訓である。

また目が回るほど忙しかったときほど、本を読みたくなるものだ。シニアを読書なしにすごすと、「立ち枯れ」になる。読書欲のない諸君。暇すぎるからなのだ。そういう事実に想到してほしい。暇だらけのシニアに、読書が難しい理由だ。

7 人間は読書でこそできあがる。人間の人間たるゆえんは、言葉をもち、使うこと

が出来ることにある。書物こそ、言葉で、言葉だけでできあがっている。ただしつまらない読書はつまらない人間を作るから、要注意

もはや説明無用だろう。

あとがき

本書の「校正」で改めて読み通してみて、この本は「自伝」だな、と素直に思えた。

本が1冊もない家に生まれた。教科書と受験参考書以外、身のまわりに本の形をしたものがなかった。大学に入ってからは、「本」はいつでも・どこでもわたしの身近にあった。正確にいえば、わたしが本の周辺にたむろするようになった。もっとも、この時代には、たいして本を読んでいない。

ものを多少とも書きはじめてから、何がいちばん嬉しくかつ心安まったかといって、伊賀で独立の「書庫」をもったときに優るものはないだろう。勤務する三重短大の同僚の佐武さんの紹介で、若い宮大工の兄弟が「暇」と「好奇心」にまかせて造ってくれた。設計は、建築デザイナーの妹で、建坪3帖の1階が書庫、2階が仕事場である。素寒貧の時代だったが、費用は妻が工面してくれた。マジックと思えた。前途未知のわたしに対する途方もない投資だったにちがいない。

小さいが、他者の侵入を許さない理想的な「仕事場」であった。ここで5年、35〜41歳の「自由」時間のほとんどすべてを使うことができた。わたしの「幸運」のはじまりだった、といまにして思える。

本を読むのが仕事である。本を読んで、本を書いてきた。本の本もあるし、書評集もある。多少の数ではない。「本から本が生まれる」を地でやってきたのではないだろうか。この本も「本」でできている。「人間」も、「仕事」も、ひいては「社会」も、「本」でできあがる、というのがわたしの認識知であり、経験則だ。

カント（本）に出会わされ、マルクス（本）に熱を入れ、ヘーゲル（本）で最初の本を書き、谷沢永一（本）に出会って躓き、……、というように、あの本もこの本もわたしの書庫に入り、わたしのもの（所有）、ひいてはわたし自身になっていった。ほんの一部分は消化できたと思えるが、中毒になったり、本当の毒に当たったり、捕囚になったりして、70歳を優に過ぎた。

現在も細々とではあるが、本を読み、本を書く生活を続けている。ほとんど仕事場で読む。本書は自分の読書生活をベースにしている。「自伝」になること否めない。ひとりよがりは避けたつもりだが、本書の行き方を一般化はできないだろう。シニア（新人）がシニア（玄人）になるための読書論の一つである、と受けとってもらえれば、これにまさることはない。

ただし、だ。「回春」は無理無駄な試みだ、と思われている方。「青春の再読」からはじめてはいかがだろうか。これは特に難しくはないだろう。本のほこりを払うだけでいい。ときに「貧しい」自分に出会うかもしれない。かつて輝いていた「本」が貧弱に思えるケースもあるだろう。いずれの場合も、古い写真を見るのとは違った意味で、別種の読み方をしている自分に、心踊りを催すのではないだろうか。事実、本書を書いて、わたし自身は思ってもみなかった「自分」を再発見したのである。

最後に、このたびも出版の機会を与えてくれた、文芸社の佐々木春樹編集長（企画編集室）に深甚の意を表したい。ありがとう。

２０１５年11月1日　初雪を終えた紅葉枯れの馬追山から

鷲田小彌太

シニア、その青春の読書

人名（著書付）索引

あ行

か行

さ行

た行

な行

は行

ま行

や行

ら行

わ行

本書は、二〇一一年六月、文芸社より刊行された『もし20代のときにこの本に出会っていたら―後悔しないための読書―』を大幅に加筆・修正し、文庫化したものです。

文芸社文庫

シニアのための「反」読書論

二〇一五年十二月十五日　初版第一刷発行

著　者　鷲田小彌太
発行者　瓜谷綱延
発行所　株式会社　文芸社
〒一六〇‐〇〇二二
東京都新宿区新宿一‐一〇‐一
電話　〇三‐五三六九‐三〇六〇（編集）
〇三‐五三六九‐二二九九（販売）
印刷所　図書印刷株式会社
装幀者　三村淳

ISBN978-4-286-17172-2